Astro**coaching** 2024

CHRIS SEMET

Balance

22 OU 23 SEPTEMBRE - 23 OCTOBRE

Votre horoscope 2024 mensuel et personnalisé

Hugo New Life

Sommaire

Sommaire

Avertissement

Un horoscope n'a rien de prédictif, il s'agit simplement d'une météo, d'une large tendance mettant en avant les influences et les périodes positives ou moins fastes en fonction des « courants » planétaires.
Il ne s'agit donc pas d'une étude personnalisée comme peut l'être l'analyse d'un thème astral.
Voyez-le comme un outil, une aide, un repère et nullement comme une vérité.

Votre nouvel horoscope sur mesure

Dans cet ouvrage se présentant comme un horoscope, j'ai souhaité vous donner des clés afin de vous permettre de mieux appréhender l'année à venir.

Si vous trouvez les grands traits de votre caractère, les ressources dont vous disposez pour affronter les grandes échéances de la vie ainsi que les grandes ambiances de 2024, j'ai voulu que vous puissiez être autonome dans la compréhension et l'observation des astres. Voyez-le comme un outil d'astrologie et de coaching ainsi qu'une introduction aidée à cette discipline.

Tout en vous accompagnant et en vous livrant une météo mensuelle adaptée à votre signe, vous aurez le loisir grâce aux aides et explications présentes de dresser vous-même votre propre horoscope au fil des mois.

Que trouverez-vous dans cet horoscope?

Une initiation rapide à l'astrologie
Votre portrait astro domaine par domaine
Des espaces notes à remplir
Des encarts à compléter pour déterminer vos priorités ou vos objectifs
Les cartes du ciel mois par mois
Le passage des planètes dans les signes et leur rétrogradation
Les aspects planétaires mensuels
Les Pleines et Nouvelles Lunes
Votre horoscope mensuel

Point astro
Rappel des glyphes astro

Le zodiaque

SIGNES	Symboles	Éléments	Modes
Bélier	♈	Feu	Cardinal
Taureau	♉	Terre	Fixe
Gémeaux	♊	Air	Mutable
Cancer	♋	Eau	Cardinal
Lion	♌	Feu	Fixe
Vierge	♍	Terre	Mutable
Balance	♎	Air	Cardinal
Scorpion	♏	Eau	Fixe
Sagittaire	♐	Feu	Mutable
Capricorne	♑ ou ♑	Terre	Cardinal
Verseau	♒	Air	Fixe
Poissons	♓	Eau	Mutable

Les planètes

PLANÈTES	Symboles
Lune	☽
Soleil	☉
Mercure	☿
Vénus	♀
Mars	♂
Jupiter	♃
Saturne	♄
Uranus	♅
Neptune	♆
Pluton	♇
ASTÉROÏDES / POINTS FICTIFS	**Symboles**
Chiron	⚷
Junon	⚵
Cérès	⚳
Lune noire moyenne	⚸
Nœud Sud	☋
Nœud Nord	☊

Les aspects

ASPECTS PLANÉTAIRES	Symboles
Conjonction	☌
Sextile	⚹
Trigone	△
Quinconce	⚻
Carré	□
Opposition	☍

Aide à l'utilisation de cet horoscope

Les aspects planétaires

Les planètes interagissent entre elles et avec les signes du zodiaque, et ce, en fonction de la position de votre Soleil mais également des autres astres de votre thème astral.

> Chaque signe fait 30°, divisé en trois parties de 10°.
> C'est ce que l'on appelle les décans.
> Le zodiaque composé de douze signes est de 360°.

Ces «liens» entre les objets célestes sont appelés **aspects**. Les aspects dits majeurs (les plus utilisés) sont au nombre de six.

La conjonction: elle unit des planètes (deux ou plus) qui se situent entre 0 et 8° d'écart dans le zodiaque. Souvent cet aspect se fait dans le même signe ou à cheval entre deux signes voisins. Son influence dépend des planètes qui sont en relation. Il peut être neutre, positif ou négatif.

Le sextile: il lie deux planètes qui se trouvent à plus ou moins 60° d'écart. Il met en relation deux signes dont l'élément est complémentaire. (Exemple: élément Terre + élément Eau, Capricorne et Poissons ou Scorpion. Élément Feu + élément Air, Sagittaire et **Verseau ou Balance**.) C'est un aspect positif qui représente une ouverture, une libération, une solution ou une facilité.

Le carré: il met sous tension des astres séparés de 90° dans des signes de même mode. Négatif bien que source de défis, il est synonyme de conflits, de chocs, de remises en question, d'imprévus, de luttes et de difficultés, d'électrochocs, de prises de conscience.

Le trigone: ici, les planètes reliées se trouvent à plus ou moins 120° d'écart. Cet aspect unit deux signes de même élément. (Exemple: le Feu, Lion et Sagittaire ou Bélier et Sagittaire). C'est un aspect positif qui «parle» d'évolution, de bien-être, de satisfaction, de réussite et de concrétisation.

Le quinconce: c'est un angle de 150° (cinq signes d'écart). Soit le signe qui précède ou qui suit celui de même élément. Il symbolise une remise en question, la résolution d'une problématique ou une prise de conscience.

L'opposition: les planètes se trouvent dans le signe opposé. Elles ont plus ou moins 180° de différence. Aspect difficile, obstacles, retards, tensions, dépassement de soi ou d'un problème sont au programme. Parfois, elle pousse ou oblige à prendre des décisions.

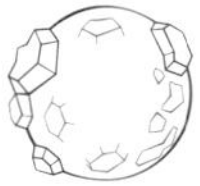

Les planètes

Le Soleil : lorsque celui-ci fait un bon aspect à votre signe ou votre ascendant, il donne clarté d'esprit, énergie et confiance en soi. Il est également un indice de la résolution d'un problème. En mauvais aspect, il signale un manque de clairvoyance, de vision, d'optimisme, de détermination et de direction. Il peut également avertir d'un problème de vitalité.

La Lune : planète d'une grande rapidité ne restant que deux à trois jours dans un signe, voyez-la comme un indicateur d'humeur. C'est en partie elle qui influe sur le fait que nous soyons bien ou mal « lunés ». Elle est en lien avec les émotions.

Mercure : en bon aspect, elle annonce une jolie période de communication et d'échanges. Les rencontres, les sorties, les invitations sont à l'honneur. C'est aussi un cycle propice pour les démarches et la concentration. En mauvais aspect, elle rend insouciant, dispersé, confus dans ses idées, bavard, indiscipliné. Cela peut également indiquer un manque d'idées.

Vénus : favorable, elle est l'indice de moments de douceur et d'harmonie. Propice à la complicité, elle est positive pour les relations conjugales. Planète de l'amour, elle favorise les rencontres. Synonyme de joie, elle « parle » de réjouissances et de festivités. En mauvais aspect, elle est source d'insatisfaction, d'excès, de mal-être, de confusions sentimentales et de déceptions.

Mars : astre de l'action, lorsqu'elle est bénéfique, elle stimule, donnant énergie et combativité. Elle permet de relever les défis et de se dépasser. Souvent, elle représente le début d'une action. Au négatif, elle présage de conflits, de tensions, de chocs, de confrontations, voire d'autodestruction.

Jupiter: planète de l'expansion, au positif, elle offre chance, occasion, succès, énergie et abondance. En mauvais aspect, elle annonce excès en tout genre, débordement, aggravation d'une situation, échec, problèmes administratifs ou juridiques.

Saturne: astre du temps, au positif, elle permet d'enraciner une relation ou une position. Elle donne l'occasion de grandir et de gagner en maturité ou en responsabilités. Négative, les retards, les obstacles, les oppositions, les contraintes, les restrictions ou les épreuves sont à prévoir.

Uranus: en bon aspect à votre signe, elle annonce renouveau, inspiration, libération, résolution d'un problème, nouvel élan, chance et opportunités. À l'inverse, elle est synonyme de révolte, d'imprévus, de remises en question, de crise(s), de réorientation, de difficultés en tout genre.

Neptune: lorsqu'elle passe en angle positif, elle est porteuse d'intuition, de créativité et de fantaisie. Elle donne envie d'explorer des horizons lointains et de s'ouvrir à d'autres perspectives. En mauvais aspect, elle est signe de doutes, de confusions, de problèmes insolubles, de troubles divers, de mauvais choix ou de mauvaises décisions, voire d'échec.

Pluton: c'est l'astre des transformations positives ou négatives. Symbole de mort ou de renaissance, avec elle, ça passe ou ça casse, quel que soit le domaine. Elle évoque les grands carrefours de l'existence.

Chiron: ce petit «Jupiter» développe la curiosité et le désir d'apprendre. Souvent, il annonce une formation ou un stage. Il est favorable à l'épanouissement familial ou conjugal. En mauvais aspect, il nous met face à nos instincts primaires. Les excès rythment notre quotidien. Il est indicateur de tensions.

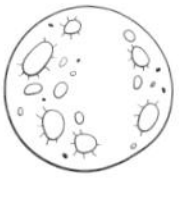

Cérès : associé à la récolte, cet astéroïde est plus ou moins en lien avec l'abondance. En bon aspect, il prédispose à la croissance des revenus, à l'épanouissement personnel et familial. C'est aussi l'astre des négociations et des compromis. Négatif, il évoque un break, une mise à l'écart volontaire ou subie, des tensions et des désaccords ainsi qu'une période de « disette ».

Junon : nommé la « petite Vénus », ce planétoïde est favorable à l'épanouissement personnel, familial et conjugal. Il est le symbole des associations et des officialisations. En mauvais aspect, il est signe de jalousie, de conflits, de désaccords majeurs, voire de rupture.

La Lune noire moyenne : ce point fictif invite à trancher, décider, s'engager, renoncer, refuser, sortir des sentiers battus, s'ouvrir à l'inconnu. En position défavorable, elle est synonyme d'effondrement, de destruction, de la fin d'un cycle ou d'une situation, d'un changement profond.

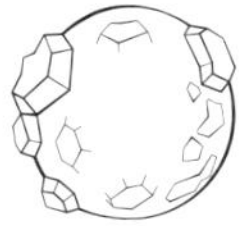

LES PLANÈTES RÉTROGRADES

Lorsque les planètes sont dans cet état et que vous regardez la carte du ciel, celles-ci semblent revenir sur leurs pas dans le zodiaque. De ce fait, beaucoup de «théories» ont vu le jour. Qui n'a pas entendu parler de Mercure rétrograde et de tous les maux qu'elle cause (retard, grève, problèmes de courrier ou informatiques, etc.). En l'espace de quelques années, à cause de croyances ésotériques, elle est devenue la bête noire des pseudo-professionnels de l'astrologie comme des profanes.

Si d'un point de vue terrestre, une planète rétrograde donne l'impression de faire demi-tour, d'un point de vue astronomique, il ne s'agit pas du tout de cela. C'est un effet d'optique essentiellement dû à la géométrie des orbites et à la vitesse des planètes. Dans la réalité «stellaire», il ne se passe rien de particulier. Les astres continuent leur évolution sur leur écliptique. Le mode rétrograde en astrologie se produit lorsqu'un astre est au plus près de la Terre et que notre planète le dépasse.

En conclusion, l'astre rétrograde plus proche de nous a une «influence» beaucoup plus forte et marquée. Il n'est en rien négatif ou problématique. Une planète rétrograde est donc au paroxysme de ses effets.

Positions célestes favorables et défavorables pour vous, Balance

En fonction de votre signe, selon l'emplacement des astres, ces derniers sont source de périodes de chance, d'évolution ou au contraire d'entrave, de tensions ou de problèmes.

Les **planètes** vous sont **bénéfiques** si elles se situent en **Sagittaire, Verseau, Gémeaux** et **Lion.**

Un astre est **neutre** ou a une influence variable en fonction des aspects qu'il forme avec les autres objets célestes lorsqu'il se trouve dans **votre signe** (**Balance**) ou dans celui opposé (**Bélier**).

L'impact planétaire est dit «**négatif**» lorsqu'une planète passe dans les signes du **Cancer** et/ou du **Capricorne**.

Si vous connaissez votre signe lunaire (l'emplacement de votre Lune de naissance) ou votre ascendant, vous pouvez affiner les courants astraux.

Afin de vous aider dans « l'utilisation » des planètes et d'exploiter au mieux leurs courants, reportez-vous aux livres suivants : ***ASTROLOGIE, le manuel indispensable pour décrypter son thème astral*** ainsi que ***LES TRANSITS PLANÉTAIRES, le manuel indispensable pour interpréter les périodes clés de notre vie.***

Qui êtes-vous? Quelles sont vos ressources?

Votre personnalité

En bon signe d'Air, vous êtes d'une nature assez extravertie. Ainsi, avez-vous certaines facilités pour aller vers les autres. Votre planète Vénus vous donne douceur, sensibilité, convivialité et sens de l'écoute. À l'image du symbole qui vous représente, vous êtes constamment en quête d'équilibre. Vous fuyez spontanément les tensions et les conflits. Assez réceptif à votre environnement, vous avez besoin d'évoluer dans un cadre harmonieux et apaisé. Idéaliste, vous ne supportez pas l'injustice. Si vous pouvez vous montrer mesuré et réfléchi, vous êtes néanmoins en proie aux doutes et aux hésitations, rien n'est plus difficile pour vous que de prendre une décision ou d'être confronté à un choix.

Les points forts de votre caractère

Votre sympathie, votre jovialité, votre fantaisie, votre créativité, votre capacité à raisonner et à peser le pour et le contre.

Les points qui vous desservent

Votre susceptibilité, votre indécision, votre tendance à changer d'avis, votre tempérament mélancolique ou hypersentimental.

Vous et votre travail

Du fait des caractéristiques de votre signe, vous êtes quelqu'un d'appliqué, de méthodique et de consciencieux. Pour avoir envie de vous investir dans votre activité, vous devez vous sentir captivé par ce que vous faites. Rien n'est plus difficile à vivre pour vous qu'un métier ou une fonction qui vous pèse et où la passion n'y est pas. Adaptable, vous possédez un large éventail de compétences qui vous aide dans tous les secteurs de votre activité. Comme dans de nombreux domaines de votre vie, vous cherchez à évoluer dans un environnement sain et équilibré. Même si vous êtes capable de confronter vos idées et votre vision des choses, les conflits ne sont pas votre tasse de thé. Communiquant, vous ne concevez pas votre travail sans lien social et sans échange. Mettant un point d'honneur à respecter vos engagements, vous vous efforcez d'être honnête, droit et fidèle. Si vous faites preuve de constance, vous possédez néanmoins un double rythme de travail. Plus opportuniste qu'actif, vous éprouvez des difficultés à démarcher et vous attendez que l'on vienne vous chercher. L'image que vous renvoyez et votre renommée au sein de votre domaine de compétences constituent votre plus grande réussite.

Les orientations qui vous conviennent

Le secrétariat, la justice, le droit, le social, l'esthétique, les domaines du bien-être (les massages, l'art-thérapie, la sophrologie...), les relations humaines, la communication (sous toutes ses formes), le conseil, les ressources humaines, l'art (danse, chant, musique...), la diplomatie, la médiation, le métier d'attaché de presse ou culturel.

Conseils astro pour mieux vivre le travail

Pour être bien ou mieux dans votre activité, vous devriez essayer d'être un peu moins sensible aux remarques ou à l'appréciation des autres. Ne vous sentez pas visé et attaqué systématiquement. Pensez à imposer vos limites et évitez de souffler le chaud et le froid. Pensez à mettre vos limites et à exprimer plus clairement vos opinions. Ne cherchez pas à ménager la chèvre et le chou automatiquement.

À la retraite

Si l'approche de cette période vous réjouit, vous êtes également pris de doutes quant à votre départ. Comme face à tous les grands carrefours de la vie, vous pouvez vite être déstabilisé et sombrer dans les interrogations existentielles. Si l'idée de changer de rythme ne vous effraie nullement, en revanche, celle d'être isolé et de perdre votre vie sociale vous fait peur. Ses craintes ne vous font pas pour autant prévoir votre passage à la retraite. Vous pouvez d'ailleurs faire preuve d'une certaine forme de légèreté dans cette préparation, préférant vivre l'événement étape par étape. Une fois le changement officiel, détaché de vos obligations professionnelles, plus libre de votre temps, vous en profitez pour faire ce que vous aimez. Les loisirs le plus souvent artistiques, les sorties, les invitations, les déplacements, les voyages, les visites de musées vous épanouissent pleinement.

Vous et vos amours

Gouverné par Vénus et Junon, vous êtes un être d'une grande sensualité. Par conséquent, la séduction tient une place très importante dans vos relations avec les autres mais également dans votre vie sentimentale. Les regards, les mots, les gestes participent activement à votre approche ainsi qu'à l'émergence d'un sentiment ou d'une attirance. Souvent, vous adorez jouer au chat et à la souris, ce qui n'est pas toujours rassurant pour la personne que vous convoitez ou qui s'intéresse à vous. À moins d'avoir été déçu par l'amour ou d'avoir connu des problèmes d'affection durant l'enfance, vous aspirez à trouver l'équilibre. La vie à deux, le mariage, c'est votre « truc ». Toutefois, en proie aux hésitations, il n'est pas rare de vous voir partagé entre deux sentiments ou hésiter entre deux personnes. Vous n'êtes pas contre le fait de vous amuser avant de vous stabiliser. Dans une relation ou dans votre couple, vous avez besoin de douceur, de partage, d'écoute, de complicité, de bonne humeur et bien évidemment d'harmonie. Vous faites partie de ces signes qui ont besoin de se sentir désirés et aimés même si cela est déjà le cas, vous cherchez à être rassuré. À votre tour, vous pouvez être capable d'être tendre, démonstratif et rassurant. Face à l'insatisfaction, vous ne dites pas non à une aventure, encore faut-il que vous réussissiez à assumer une double vie.

Conseils astro pour mieux vivre vos amours

Évitez de faire culpabiliser l'autre. Assumez vos erreurs et reconnaissez vos torts. Ne cherchez pas à tirer constamment la couverture à vous. Gagner en confiance en vous vous permettrait de moins demander d'attention et d'affection à votre moitié. Attention aux complexes d'Œdipe et du Don Juan qui peuvent venir compliquer votre vie amoureuse.

Vous et votre vitalité

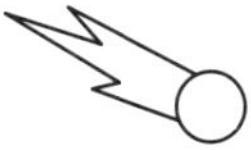

Pour être bien dans vos baskets, vous avez besoin que tous les domaines de votre vie soient stabilisés. Ainsi, votre environnement joue énormément sur votre moral et votre état général. De fait, une vie équilibrée ainsi qu'une bonne hygiène de vie contribuent à votre épanouissement. Les conflits, les tensions, les problèmes sentimentaux ou familiaux vous impactent considérablement. Si vous possédez une certaine résistance, vous êtes assez sensible au stress et votre cycle de récupération est lent. Pour vous ressourcer, privilégiez le sommeil et le farniente. Malade, angoissé, vous avez souvent tendance à demander énormément d'attention.

Vos points faibles

Les reins, la vessie, l'urètre,
les surrénales, les lombaires.

Calculez votre ascendant

Pour pouvoir calculer votre ascendant, vous devez connaître vos jour, mois, année, heure (à 10 minutes près) de naissance.

Pour les personnes qui souhaitent monter leur thème astral, l'indication de votre ville natale est indispensable.
Voici quelques applications ou logiciels qui peuvent vous faciliter la vie et le travail.

Tablettes et téléphones

Apple : iPhemeris (cartes natales, cartes des transits, progressions, repositionnement, révolution solaire, synastrie, éphémérides de 1700 à 2099 et la possibilité de personnaliser chaque élément).
Android: Astrology Ephemeris Pro (éphémérides planétaires) / Astrodox ou Astroworx (édification des thèmes astraux).

<u>Ordinateurs</u>
Apple: Astroquick.
Windows: Auréas.

Repérez votre heure sidérale correspondant
à votre jour et votre mois de naissance
dans le tableau consacré à cet effet.
Additionnez votre heure de naissance à l'heure sidérale.
Né après 1916 et avant 1940, retranchez une heure.
Né entre 1940 et 1945, soustrayez deux heures.
Après 1945, retirez systématiquement une heure.
À partir de 1976, en période d'été, enlevez une heure
de plus (soit deux heures).

Si votre total est supérieur à 24 heures,
retirez 24 heures pour obtenir l'heure définitive.

Une fois le résultat obtenu, reportez-vous au tableau
des ascendants pour voir lequel vous correspond.

Exemple 1

19.11.1964 à 2h15
Heure sidérale du 19 novembre = 3h47
3h47 + 2h15 = 5h62, soit 6h02
En 1964, retirez une heure, soit 5h02 = ascendant Vierge
Cette personne est donc **Scorpion** ascendant **Vierge**.

Exemple 2

27.12.1983 à 23h55
Heure sidérale pour le 27 décembre = 6h20
6h20 + 23h55 = 29h75, soit 30h15
Plus de 24 heures, retranchez-les, vous obtenez : 6h15
Né en 1983 en hiver, ôtez une heure, soit 5h15 = ascendant Vierge
Cette personne est donc **Capricorne** ascendant **Vierge.**

Tableau des heures sidérales

Jour	Janv.	Févr.	Mars	Avril	Mai	Juin	Juil.	Août	Sept.	Oct.	Nov.	Déc.
1	6h36	8h37	10h32	12h35	14h32	16h35	18h34	20h36	22h38	0h36	2h38	4h37
2	6h39	8h41	10h36	12h39	14h36	16h42	18h37	20h40	22h42	0h40	2h42	4h41
3	6h43	8h45	10h39	12h43	14h40	16h46	18h41	20h44	22h46	0h44	2h46	4h45
4	6h47	8h49	10h43	12h47	14h44	16h50	18h45	20h49	22h51	0h48	2h50	4h50
5	6h51	8h53	10h47	12h51	14h48	16h54	18h48	20h54	22h54	0h54	2h54	4h53
6	6h55	8h57	10h51	12h54	14h52	16h58	18h53	20h56	22h58	0h56	2h58	4h56
7	7h00	9h01	10h55	12h57	14h56	17h02	18h57	20h59	23h02	1h00	3h02	5h00
8	7h03	9h05	11h00	13h01	15h00	17h06	19h01	21h03	23h06	1h05	3h08	5h04
9	7h07	9h09	11h04	13h06	15h04	17h10	19h04	21h07	23h10	1h09	3h12	5h09
10	7h17	9h19	11h14	13h14	15h09	17h15	19h11	21h12	23h14	1h14	3h15	5h13
11	7h16	9h22	11h17	13h17	15h17	17h23	19h12	21h15	23h17	1h18	3h18	5h14
12	7h20	9h23	11h18	13h20	15h20	17h26	19h14	21h16	23h18	1h21	3h21	5h17
13	7h22	9h25	11h20	13h21	15h23	17h29	19h18	21h19	23h22	1h22	3h23	5h20
14	7h25	9h28	11h23	13h24	15h24	17h30	19h22	21h22	23h25	1h25	3h27	5h23
15	7h28	9h33	11h26	13h27	15h27	17h33	19h27	21h26	23h29	1h29	3h31	5h27
16	7h34	9h41	11h32	13h32	15h30	17h36	19h30	21h32	23h34	1h32	3h35	5h33
17	7h37	9h43	11h35	13h36	15h35	17h41	19h33	21h36	23h38	1h36	3h40	5h37
18	7h42	9h46	11h41	13h42	15h38	17h44	19h38	21h41	23h42	1h40	3h43	5h40
19	7h46	9h50	11h44	13h46	15h44	17h50	19h42	21h44	23h46	1h44	3h47	5h45
20	7h51	9h53	11h47	13h49	15h48	17h54	19h46	21h48	23h50	1h48	3h50	5h49
21	7h54	9h57	11h53	13h51	15h51	17h57	19h52	21h55	23h57	1h55	3h57	5h56
22	7h59	9h59	12h00	13h57	15h53	17h59	19h57	22h00	23h59	2h00	4h02	6h00
23	8h03	10h03	12h04	14h01	15h59	18h05	20h01	22h03	0h05	2h03	4h05	6h04
24	8h07	10h08	12h07	14h06	16h03	18h09	20h06	22h07	0h09	2h06	4h09	6h08
25	8h11	10h13	12h08	14h10	16h08	18h14	20h09	22h11	0h13	2h11	4h13	6h12
26	8h15	10h17	12h10	14h14	16h12	18h18	20h14	22h15	0h17	2h16	4h18	6h17
27	8h19	10h21	12h14	14h18	16h16	18h22	20h17	22h19	0h22	2h19	4h21	6h20
28	8h23	10h25	12h20	14h22	16h20	18h26	20h22	22h23	0h26	2h23	4h25	6h23
29	8h26	10h29	12h23	14h26	16h24	18h30	20h25	22h26	0h29	2h27	4h29	6h27
30	8h30		12h26	14h29	16h28	18h33	20h29	22h30	0h34	2h32	4h33	6h31
31	8h34		12h30		16h31		20h33	22h35		2h36		6h35

Tableau des ascendants

Ascendant Lion	De 0h34 à 3h16
Ascendant Vierge	De 3h17 à 6h00
Ascendant Balance	De 6h01 à 8h43
Ascendant Scorpion	De 8h44 à 11h25
Ascendant Sagittaire	De 11h26 à 13h53
Ascendant Capricorne	De 13h54 à 15h42
Ascendant Verseau	De 15h43 à 17h00
Ascendant Poissons	De 17h01 à 17h58
Ascendant Bélier	De 17h59 à 18h58
Ascendant Taureau	De 18h59 à 20h17
Ascendant Gémeaux	De 20h18 à 22h08
Ascendant Cancer	De 22h09 à 0h33

Que vous apporte votre ascendant ?

Si votre ascendant est **Bélier**, vous pouvez être partagé entre un certain désir d'indépendance et une envie de stabilité. Votre vie amoureuse peut parfois vous poser problème. Plus instinctif, plus passionné, vous pouvez également être en proie à de nombreux états d'âme. Ascendant **Lion**, vous êtes un séducteur qui adore sentir qu'il plaît. Vous avez besoin d'être aimé et que l'on s'intéresse à vous. Vous êtes créatif et adaptable. Ce signe vous confère également une plus grande volonté et une meilleure confiance en vous.

Votre ascendant est **Sagittaire** ? Alors, vous êtes d'une grande indépendance. À la recherche d'un idéal, vous êtes en quête d'absolu. Curieux, vous êtes ouvert aux autres. Les voyages, les horizons lointains vous attirent. Vous avez soif de découverte et vous possédez une certaine spiritualité.

Ascendant **Vierge** ou **Capricorne**, si vous avez un esprit rationnel et concret, vous n'êtes pas à l'abri de moments de doute et d'hésitation. Concret et sérieux, vous aspirez à l'équilibre ainsi qu'à la stabilité.

Associé à un ascendant **Taureau**, vous êtes sensible, romantique, matérialiste et créatif. L'art trouve toujours un chemin dans votre vie, quelle que soit l'apparence qu'il prend. Vous êtes également un amoureux de l'amour.

Si vous êtes marqué par un ascendant **Gémeaux** ou **Verseau**, vous défendez votre liberté de penser et d'agir. Pas question pour vous de rentrer dans les clous. Vous aspirez à toujours plus de fantaisie et d'originalité.

Vous êtes double **Balance**, alors vous avez besoin de vous sentir aimé et entouré. Rien n'est plus difficile pour vous que la solitude. Sensuel et romantique, vous aimez plaire.

Votre ascendant est **Cancer** ou **Poissons**, votre émotivité est très développée et vous êtes extrêmement sensible à votre environnement. Pour être bien dans votre vie, vous avez besoin d'équilibre ainsi que de douceur.

Ascendant **Scorpion**, vous êtes souvent pris dans des méandres émotionnels que vous avez du mal à gérer. Vous pouvez souvent être en proie à une forme de mélancolie qui vous oblige à vous prendre en main. Votre créativité et votre intuition sont très développées.

Vous pensez bien vous connaître, listez vos points forts et vos points faibles.

Vos points forts

☆ ....

....

....

☆ ....

....

....

☆ ....

....

....

☆ ....

....

....

☆ ....

....

....

☆ ....

....

Vos points faibles

☆ ....
....
....
☆ ....
....
....
☆ ....
....
....
☆ ....
....
....
☆ ....
....
....

Que pensez-vous pouvoir améliorer chez vous ?

☆ ....
....
....
☆ ....
....
....
☆ ....
....
....
☆ ....
....
....
☆ ....
....

Vous reconnaissez-vous dans votre profil astro? Si non, écrivez ci-dessous ce qui vous définit ou différencie du signe de la Balance.

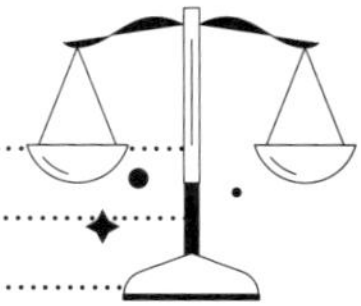

Pour comprendre pourquoi le signe de la **Balance** ne vous correspond pas vraiment, n'hésitez pas à explorer plus en détail votre thème astral. Peut-être avez-vous une dominante planétaire qui enferme ce signe d'**Air**. Peut-être possédez-vous une configuration planétaire particulière au sein d'un autre signe qui prend le pas sur votre signe solaire.

Pour savoir quelle influence astro vous correspond, cochez dans le tableau suivant les tempéraments qui semblent vous caractériser.

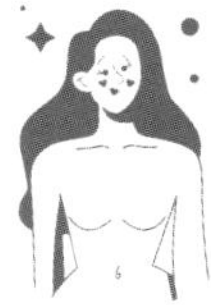

SIGNES ASTRO	Tempéraments
Bélier	Emporté, combatif, hyperactif, fougueux, imprudent, audacieux, réactif, colérique, tout feu tout flamme.
Taureau	Posé, épicurien, sensuel, terrien, têtu, constant, bâtisseur, conservateur, tendance à ruminer.
Gémeaux	Léger, insouciant, adaptable, cérébral, vif, curieux, bavard, inconstant, changeant, nerveux.
Cancer	Rêveur, sensible, timide, imaginatif, craintif, doux, attentionné, irréaliste, puéril, passif, protecteur.
Lion	Franc, pétillant, créatif, volontaire, intuitif, ambitieux, orgueilleux, égocentrique, intolérant.
Vierge	Prudent, méthodique, organisé, pratique, minutieux, prévoyant, réservé, critique, maniaque, sceptique.

Balance	Généreux, sensuel, doux, délicat, conciliant, à l'écoute, attentif, réceptif aux autres, indécis, hésitant.
Scorpion	Incisif, intuitif, mystérieux, intense, déterminé, battant, résiliant, inflexible, piquant, anxieux, possessif, jaloux.
Sagittaire	Avisé, rapide, endurant, intrépide, désireux de nouvelles expériences et d'autres horizons, insatisfait, optimiste.
Capricorne	Pessimiste, réaliste, concret, stable, solide, logique, précis, solitaire, travailleur, froid, distant.
Verseau	Avant-gardiste, innovant, original, indépendant, marginal, humaniste, révolté, autoritaire, versatile.
Poissons	Bienveillant, idéaliste, généreux, tendre, inspiré, sociable, secret, insondable, fuyant, opportuniste, apathique.

ASTRES	Tempéraments
La Lune	Doux, rêveur, attaché à sa famille et ses racines, conservateur, créatif.
Le Soleil	Rayonnant, solaire, personnel, ambitieux, désireux de réussir.
Mercure	Communicatif, réfléchi, adaptable, rusé, stratège, malin, nerveux.
Vénus	Affectueux, superficiel, tendre, attachant, attiré par le beau, aimant.
Mars	Rapide, dynamique, combatif, réactif, offensif ou défensif, autodestructeur.
Jupiter	Optimiste, curieux, vif, possessif, ambitieux, opportuniste, colérique.
Saturne	Réservé, timide, distant, froid, peu expressif, rationnel, patient, posé, calme.

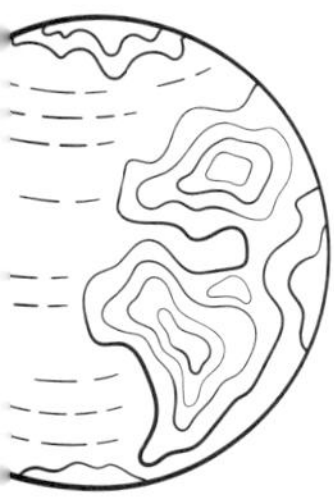

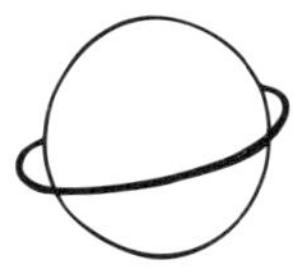

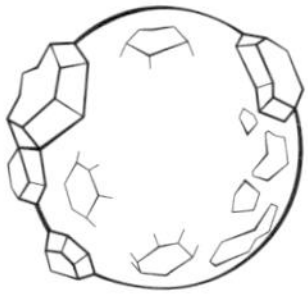

Uranus	Original, clairvoyant, novateur, visionnaire, rebelle, adaptable.
Neptune	Doux, inventif, créatif, insouciant ou agité, passif, idéaliste, irréaliste.
Pluton	Résilient, curieux, adaptable, intuitif, critique, sensé, autodestructeur.
Chiron	Sage, patient, bienveillant, volontaire, désireux d'apprendre et de transmettre.
Cérès	Conciliant ou tranchant, attaché à la famille, protecteur, tendre, affectueux.
Junon	Magnétique, créatif, tolérant, ouvert d'esprit, colérique.
Lune noire moyenne	Piquant, insoumis, révolté, anticonformiste, étonnant, marginal.

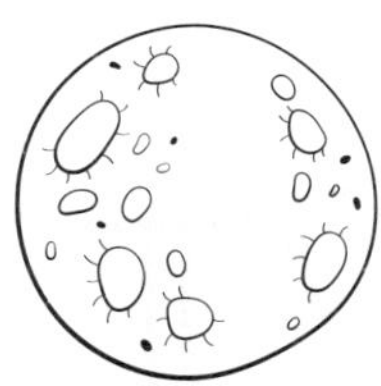

Vos correspondances astro

Vos couleurs

Les camaïeux, le beige, les tons naturels, le bleu clair, le rose, le fuchsia, le rouge cerise, les tons de pêche.

Les pierres qui vous vont bien

Le quartz rose ou bleu, la calcédoine, le jaspe bleu, la larimar, la turquoise.

Vos animaux totem

La colombe, la Saint-Jacques, la cigogne, la mésange, le rossignol, le paradisier, la loutre.

Vos plantes et fleurs

Le jasmin, les roses, les freesias, la fleur d'oranger, la verveine, l'amandier, l'hamamélis.

Les fragrances qui vous plaisent

Les parfums équilibrés, frais, raffinés, légers et sensuels parfois fruités ou sucrés.

Vos matières et matériaux

Le marbre, l'albâtre, l'argent, le cuivre.

Les paysages qui vous ressourcent

Les panoramas romantiques, harmonieux, aérés, aquatiques et verts. Les moyennes montagnes. Les endroits qui sentent les vacances.

Les villes qui vous appellent

Lisbonne, Barcelone, Madrid, Ibiza, Athènes, Venise, Vienne, Tanger, Rabat, Los Angeles, Boston, Nice.

Les pays qui vous ressourcent

La Bretagne, la Beauce, la Sologne, l'Espagne, l'Algérie, le Maroc, l'Égypte, l'Inde, la Chine, Cuba, les Caraïbes, les Maldives, le Guatemala, le Costa Rica, le Venezuela, la Californie, le Nouveau-Mexique.

Les lieux associés à votre signe
Un tribunal, une salle de mariage, une mairie, un salon de coiffure ou d'esthétique, un showroom, une maison de mode ou de parfums, un théâtre.

Vos planètes maîtresses

Vénus

C'est elle qui vous fait aimer le beau et les plaisirs de la vie. C'est toujours elle qui vous confère une extrême affectivité et créativité. Votre besoin de sensualité, votre soif d'affection, c'est encore elle. Elle vous donne une certaine forme d'épicurisme et un certain culte de l'apparence. En lien avec l'amour, elle vous incite à accorder une grande importance à votre vie sentimentale.

Junon

Cet astre, nommé « la petite Vénus », bien qu'étant dans la mythologie l'une des grandes déesses et l'épouse de Jupiter, vous donne une facilité de compréhension et d'acceptation. C'est elle qui vous offre la faculté de tolérance ainsi que le désir d'équilibre que vous recherchez. Malgré l'esprit d'indépendance qu'elle confère, elle peut également vous rendre extrêmement jaloux.

Saturne

Si vous possédez un côté analytique, froid et distant, c'est sûrement à cause de votre troisième planète maîtresse. Symbole de réflexion, elle vous rend cérébral et vous incite à comprendre le monde qui vous entoure. Votre besoin d'équilibre et de structuration passe également par cet astre, image du temps et de la patience.

Vos affinités astro

Balance – Bélier

Opposés dans le zodiaque, vous êtes censés être complémentaires. Ainsi, vos énergies semblent s'harmoniser. Le dynamisme et l'impulsivité du Bélier vous plaisent. De votre côté, vous réussissez à apaiser cet explosif signe de Feu. Lui vous incite et vous invite à vivre au jour le jour sans vous poser de questions. Il existe entre vous une vraie fascination. De ce fait, votre relation peut être des plus harmonieuses comme des plus complexes. De votre histoire personnelle dépend la longévité de votre union.

Balance – Taureau

Tous les deux gouvernés par Vénus, vous partagez beaucoup de points communs. Néanmoins, d'éléments différents, vous ne fonctionnez pas du tout de la même manière. Si vous êtes tous deux en quête d'affection, d'équilibre et de sécurité, vous ne communiquez pas de la même manière. Cela peut d'ailleurs être une source de conflits et d'incompréhension. Toutefois, si vous réussissez à dépasser vos craintes, c'est une histoire qui peut fonctionner.

Balance – Gémeaux

En bon signe d'Air, votre fonctionnement est quasi identique. Pour l'un comme pour l'autre, les échanges sont indispensables à l'évolution de votre relation, bien souvent empreinte de légèreté et d'originalité, ce qui n'est pas pour vous déplaire. Pour parvenir à vous épanouir, vous devez réussir à faire face à vos différents états d'âme qui peuvent être source de complications au sein de votre couple. Souvent le temps est votre atout pour parvenir à trouver l'équilibre ensemble. Attention à ne pas vous perdre dans la superficialité.

Balance – Cancer

Il existe entre vous une certaine alchimie même si votre hyperémotivité commune peut vous jouer des tours. Votre relation se bâtit sur la sensibilité, la douceur, la subtilité. Souvent dépendant l'un de l'autre, votre union est fusionnelle. Votre quête de sécurité et d'équilibre ne vous empêche toutefois pas de capter vos angoisses et vos peurs. Cela peut d'ailleurs créer un certain malaise et rendre votre relation compliquée. Votre histoire peut fonctionner comme pas du tout.

Balance – Lion

Votre couple a toutes les chances de marcher. L'harmonie, la sensualité, la complicité sont au rendez-vous. Entre vous, la tolérance et le respect règnent. Le Lion vous permet de dépasser facilement vos doutes et vos hésitations. De votre côté, vous lui apportez l'équilibre qu'il recherche.

Balance – Vierge

C'est un couple qui peut fonctionner comme pas du tout. Les éléments de votre thème astral jouent beaucoup dans la continuité de votre relation. Votre plus grosse difficulté réside dans les échanges. Vous avez parfois beaucoup de mal à vous comprendre. Néanmoins, calmes et à la recherche d'équilibre, vous pouvez trouver un beau terrain d'entente. Pour permettre à votre relation d'évoluer positivement, de nombreux efforts et de multiples concessions vous sont demandés. Attention car votre besoin de plaire peut parfois déranger le signe de la Vierge.

Balance – Balance

Vous êtes assez semblables. Votre entente est bonne et harmonieuse. Votre relation est basée sur l'affection, la douceur, le romantisme, la diplomatie, la sensualité, la séduction et la subtilité. L'un comme l'autre savez satisfaire les envies et les aspirations de votre partenaire. Si votre relation se révèle positive et durable, attention à votre tempérament susceptible qui peut venir perturber votre équilibre conjugal.

Balance – Scorpion

Votre relation est difficile et complexe. Vous avez beaucoup de mal à faire face à l'esprit parfois tourmenté et torturé du Scorpion.

Cette relation, bien que passionnelle, peut vite être source de souffrance. Toutefois, vous êtes facilement touché par la sensibilité de cet arachnide « cuirassé ». Votre union, loin d'être de tout repos, n'est pas faite pour durer car empreinte de nombreux malaises, de conflits et de bien des incompréhensions.

Balance – Sagittaire

Entre vous, ça matche parfaitement. Vos rapports sont sympathiques et agréables. Vous communiquez et échangez facilement sur vos projets et vos aspirations. Ensemble, vous cultivez l'esprit d'aventure et d'évasion. Il y a peu de chance que vous vous ennuyiez ensemble. Le seul point pouvant ternir votre union est votre désir commun d'indépendance et de liberté.

Balance – Capricorne

Vous n'êtes pas faits du même bois et encore moins dans le même moule. Votre relation est marquée par de nombreux problèmes de compréhension et de communication. Vous êtes vite frustré par le manque de chaleur, de démonstration et d'affection du Capricorne. De son côté, il se sent souvent étouffé par votre besoin d'amour et déstabilisé par votre désir régulier d'échanges. Face à l'insatisfaction grandissante, même si ce signe de Terre peut vous apporter la stabilité que vous recherchez, il y a peu de chance que vous avanciez ensemble.

Balance – Verseau

Tous les deux signes d'Air, vous possédez de nombreux points communs. Même si vous êtes assez différents dans votre manière de fonctionner et dans votre recherche ; la communication et la compréhension sont à l'honneur. Ainsi, parvenez-vous à vous comprendre. Assez indépendants et adaptables, vous réussirez à accepter vos différents modes de vie. Vous adorez être surpris et étonné par le Verseau. Quant à lui, la douceur et la tendresse dont vous lui faites preuve peuvent lui faire changer d'avis sur le mariage.

Balance – Poissons

Votre relation est essentiellement basée sur le romantisme et la douceur. C'est d'ailleurs très certainement l'union la plus sensuelle du zodiaque. Malgré certaines différences évidentes, vous vous adaptez bien au tempérament du natif des Poissons. Entre vous, ça peut marcher. Attention toutefois à ne pas vous perdre dans des idéaux inatteignables.

Ambiance générale 2024

C'est une période intéressante qui se profile à l'horizon. De beaux moments, quel que soit le domaine de votre vie, sont à prévoir. À vous de les apprécier à leur juste valeur.

Dès le milieu du printemps, la chance vous sourit. De multiples occasions s'offrent à vous. Saurez-vous les saisir ?

Les nouveaux projets sont au rendez-vous. Un nouvel amour ou la possibilité de donner une dynamique plus positive à votre relation peut venir ensoleiller 2024.

Vous êtes sur le point de démarrer un nouveau cycle plus épanouissant et plus intéressant. Pour certains natifs, cette année est le point de départ d'une période propice à de multiples changements progressifs.

Quoi que vous viviez, surfez sur les tendances planétaires du moment, semez des graines en vue de récolter les fruits de celles-ci sur les huit à dix années à venir.

janvier

Carte du ciel du mois

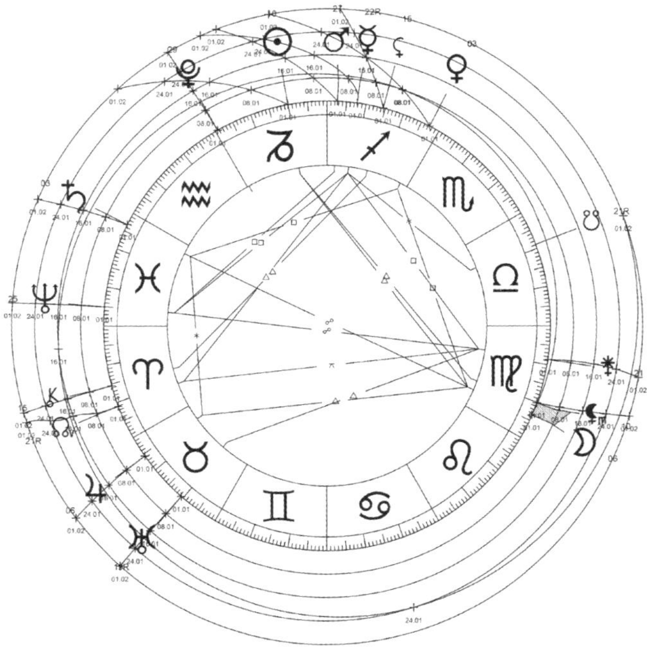

Éphémérides planétaires

Mercure devient **directe** en **Sagittaire** (22°11) - Ma.2.Jan.2024 - 3h08
Mars passe en **Capricorne** - Je.4.Jan.2024 - 14h58
Junon devient **rétrograde** en **Vierge** (21°52) - Sa.13.Jan.2024 - 5h00
Mercure passe en **Capricorne** - Di.14.Jan.2024 - 2h49
Le **Soleil** passe en **Verseau** - Sa.20.Jan.2024 - 14h07
Pluton passe en **Verseau** - Di.21.Jan.2024 - 0h56
Vénus passe en **Capricorne** - Ma.23.Jan.2024 - 8h50
Uranus redevient **directe** en **Taureau** (19°05) - Sa.27.Jan.2024 - 7h00

Nouvelle Lune en **Capricorne** (20°44) - 11.Jan.2024 - 11h59
Pleine Lune en **Lion** (5°15) - 25.Jan.2024 - 15h55

Les aspects planétaires du mois

⚳	15° 28'	♐	△	⚷	15° 28'	♈	Lu 01.Jan.2024 01h 08
♄	03° 18'	♓	□	♀	03° 18'	♐	Lu 01.Jan.2024 13h 26
♃	05° 36'	♉	⚻	♀	05° 36'	♐	Me 03.Jan.2024 10h 55
⚷	15° 30'	♈	□	☉	15° 30'	♑	Sa 06.Jan.2024 08h 33
⚸m	10° 35'	♍	□	♀	10° 35'	♐	Di 07.Jan.2024 13h 00
♆	25° 13'	♓	□	☿	25° 13'	♐	Ma 09.Jan.2024 01h 25
♅	19° 13'	♉	△	☉	19° 13'	♑	Me 10.Jan.2024 00h 07
♄	04° 06'	♓	*	♂	04° 06'	♑	Me 10.Jan.2024 02h 40
⚳	19° 13'	♐	⚻	♅	19° 13'	♉	Me 10.Jan.2024 07h 43
⚷	15° 34'	♈	△	♀	15° 34'	♐	Je 11.Jan.2024 14h 34
♃	05° 51'	♉	△	♂	05° 51'	♑	Ve 12.Jan.2024 10h 42
⚵	21° 52'	♍	△	☉	21° 52'	♑	Ve 12.Jan.2024 14h 29
♅	19° 10'	♉	⚻	♀	19° 10'	♐	Di 14.Jan.2024 13h 03
♆	25° 21'	♓	*	☉	25° 21'	♑	Ma 16.Jan.2024 00h 38
⚳	21° 43'	♐	☌	♀			Ma 16.Jan.2024 15h 04
⚵	21° 49'	♍	□	♀	21° 49'	♐	Ma 16.Jan.2024 17h 07
⚵	21° 49'	♍	□	⚳	21° 49'	♐	Ma 16.Jan.2024 21h 12
♄	04° 56'	♓	*	☿	04° 56'	♑	Je 18.Jan.2024 08h 49
♃	06° 13'	♉	△	☿	06° 13'	♑	Ve 19.Jan.2024 09h 31
♆	25° 26'	♓	□	♀	25° 26'	♐	Ve 19.Jan.2024 15h 49
♇	29° 59'	♑	☌	☉			Sa 20.Jan.2024 13h 46
⚸m	12° 03'	♍	△	♂	12° 03'	♑	Sa 20.Jan.2024 16h 46
⚸m	12° 26'	♍	△	☿	12° 26'	♑	Me 24.Jan.2024 03h 08
⚷	15° 51'	♈	□	♂	15° 51'	♑	Je 25.Jan.2024 17h 13
⚷	15° 52'	♈	□	☿	15° 52'	♑	Ve 26.Jan.2024 14h 48
⚳	25° 37'	♐	□	♆	25° 37'	♓	Ve 26.Jan.2024 16h 53
♃	06° 50'	♉	□	☉	06° 50'	♒	Sa 27.Jan.2024 07h 18
♂	17° 18'	♑	☌	☿			Sa 27.Jan.2024 14h 59
♄	06° 01'	♓	*	♀	06° 01'	♑	Di 28.Jan.2024 06h 03
♅	19° 05'	♉	△	☿	19° 05'	♑	Di 28.Jan.2024 21h 07
♃	06° 59'	♉	△	♀	06° 59'	♑	Lu 29.Jan.2024 01h 02
♅	19° 05'	♉	△	♂	19° 05'	♑	Lu 29.Jan.2024 23h 41
⚵	20° 48'	♍	△	☿	20° 48'	♑	Ma 30.Jan.2024 01h 29
⚵	20° 33'	♍	△	♂	20° 33'	♑	Me 31.Jan.2024 21h 49

Coup de projecteur sur les astres du mois

Mercure et **Mars** se confrontent à vous ainsi qu'à votre volonté. Conséquence, vous devez puiser dans vos réserves d'énergie pour faire face à vos différentes obligations.

Votre seule alliée jusqu'au 23 est **Vénus**, votre planète maîtresse. Grâce à elle, vous parvenez à prendre la vie comme elle vient et vous réussissez à faire preuve d'écoute ainsi que de diplomatie.

Même si le **Soleil**, à partir du 20, et **Pluton**, dès le 21, commencent à alléger votre quotidien, ce n'est pas votre mois le plus agréable et le plus zen.

Pour certains d'entre vous, janvier peut être marqué par des problèmes en relation avec la famille ou votre lieu de vie. Ne vous inquiétez pas, cela est passager.

Vous et votre travail

Prenez votre mal en patience car durant ce mois, vous devez faire face à quelques obstacles. Pensez à bien vous organiser et ne vous laissez pas dépasser par les événements. Attendez-vous à vivre quelques tensions qui vous obligeront à prendre du recul ou à gérer autrement votre situation. En janvier, vous ne devez compter que sur vous-même, vos supérieurs étant pris à autre chose ou ne vous accordant pas l'attention que vous demandez.

En quête d'un emploi

Vous êtes confronté à de nombreux obstacles qui vous incitent à vous remettre en question. Vos démarches traînent et n'aboutissent pas comme vous le souhaitez. Profitez de cette période pour mettre à plat vos aspirations. Revoyez votre CV ou votre lettre de motivation. Réfléchissez à la direction que vous désirez donner à votre orientation.

En mode retraite

Plus renfermé, plus casanier, vous avez plus de difficultés à aller vers les autres. Ainsi, vous n'êtes pas d'une excellente compagnie d'autant que vous devez faire face à des soucis en lien avec votre famille ou votre lieu de vie.

Vos points forts

Votre capacité d'écoute ou à harmoniser les situations.

Vos points faibles

Une grande sensibilité au stress.

Fixez vos objectifs professionnels du mois

☆ ……………………………………………………………………………………
……………………………………………………………………………………
……………………………………………………………………………………
☆ ……………………………………………………………………………………
……………………………………………………………………………………
……………………………………………………………………………………
☆ ……………………………………………………………………………………
……………………………………………………………………………………
……………………………………………………………………………………
☆ ……………………………………………………………………………………
……………………………………………………………………………………
……………………………………………………………………………………
☆ ……………………………………………………………………………………
……………………………………………………………………………………

Vos moyens pour y parvenir

☆ ……………………………………………………………………………………
……………………………………………………………………………………
……………………………………………………………………………………
☆ ……………………………………………………………………………………
……………………………………………………………………………………
……………………………………………………………………………………
☆ ……………………………………………………………………………………
……………………………………………………………………………………
……………………………………………………………………………………
☆ ……………………………………………………………………………………
……………………………………………………………………………………
……………………………………………………………………………………
☆ ……………………………………………………………………………………
……………………………………………………………………………………

Vous et vos amours

À deux

Veillez à ce que vos habitudes ne viennent pas plomber votre vie conjugale. Essayez d'être un peu plus créatif et donnez plus d'attention à votre moitié si vous souhaitez éviter les disputes ainsi que les reproches. Profitez des premières semaines de janvier pour surprendre votre partenaire et pimenter votre quotidien.

Couple en crise

Le ton monte. Les incompréhensions se multiplient et vous avez de plus en plus de mal à communiquer. Exaspéré, tendu et stressé, vous cédez trop facilement à l'énervement. Sans fuir les discussions, essayez de prendre un peu de recul ou prenez du temps et lâchez prise.

Célibataire

Si vous pouvez compter sur un charme extrêmement développé, cela ne vous aidera pas à trouver l'amour. Ainsi, ce premier mois de l'année va vous servir avant tout à prendre conscience de vos désirs. Pour certains natifs, des attirances ou des flirts peuvent marquer cette période.

Vos points forts

Une sensualité et un charme décuplés.

Vos points faibles

Une facilité à vous énerver
ou une plus grande susceptibilité.

Faites le point sur votre vie amoureuse

Quelles sont vos envies du moment?

Où en êtes-vous dans votre relation?

☆ ....

....

....

☆ ....

....

....

☆ ....

....

....

☆ ....

....

....

☆ ....

....

De quels moyens disposez-vous pour faire évoluer votre situation?

☆ ....

....

....

☆ ....

....

....

☆ ....

....

....

☆ ....

....

....

....

Vous et votre bien-être

Si vous parvenez à préserver votre équilibre général et si vous réussissez à répondre aux besoins de votre organisme, vous n'êtes pas à l'abri de moments de stress ou de fatigue. Tenez-vous à distance des tensions.

Vos points forts

Une grande écoute de votre corps.

Vos points faibles du mois

Une sensibilité extrême à votre environnement.

Vos objectifs bien-être de janvier

☆ ....

....

....

☆ ....

....

....

☆ ....

....

....

☆ ....

....

....

☆ ....

....

....

À vous de jouer !

Listez les atouts offerts par les astres

☆ ....

....

....

☆ ....

....

....

☆ ....

....

....

☆ ....

....

....

☆ ....

....

Listez les actions possibles

☆ ....

....

....

☆ ....

....

....

☆ ....

....

....

☆ ....

....

....

☆ ....

....

Les plus de votre ascendant

Balance – Bélier: votre rythme s'accélère et vous avez bien du mal à y faire face. Organisez-vous et planifiez tout si vous souhaitez rester performant.

Balance – Taureau: ne craignez pas de prendre de nouvelles responsabilités ou de vous impliquer plus. Ouvrez-vous à d'autres possibilités.

Balance – Gémeaux: quel que soit le domaine, privilégiez la douceur ainsi que la bonne humeur. À deux, rapprochez-vous. Passez du temps ensemble.

Balance – Cancer: au travail comme dans la vie courante, entourez-vous de personnes vives et dynamiques.

Balance – Lion: mois intéressant qui vous donne l'occasion de vous interroger sur vos envies, vos aspirations, vos amours ou vos ambitions.

Balance – Vierge: tout vous incite à faire le point afin de mieux cerner vos besoins. Posez-vous et faites le point sur votre vie.

Balance – Balance: les retards et les oppositions sont au rendez-vous. Essayez d'adapter au mieux votre comportement dans le but de passer ce mois difficile.

Balance – Scorpion: quel que soit le secteur de votre vie, les astres vous permettent de faire des rencontres étonnantes.

Balance – Sagittaire: ne craignez pas d'exprimer vos émotions, vos sentiments ou votre sensibilité. Mettez un peu de douceur et d'harmonie dans votre quotidien.

Balance – Capricorne: très beau regain d'énergie qui permet de faire face à toutes vos obligations ou de relever les défis du mois.

Balance – Verseau: attendez-vous à être sur la réserve. Prenez le temps de mieux définir vos aspirations ou la direction que vous souhaitez donner à votre existence.

Balance – Poissons: allez au fond des choses. Ne survolez rien et ne vous montrez pas trop superficiel. Dès ce mois-ci, les astres vous invitent à vous montrer sous votre véritable jour, tel que vous êtes. Assumez-vous.

février

Carte du ciel du mois

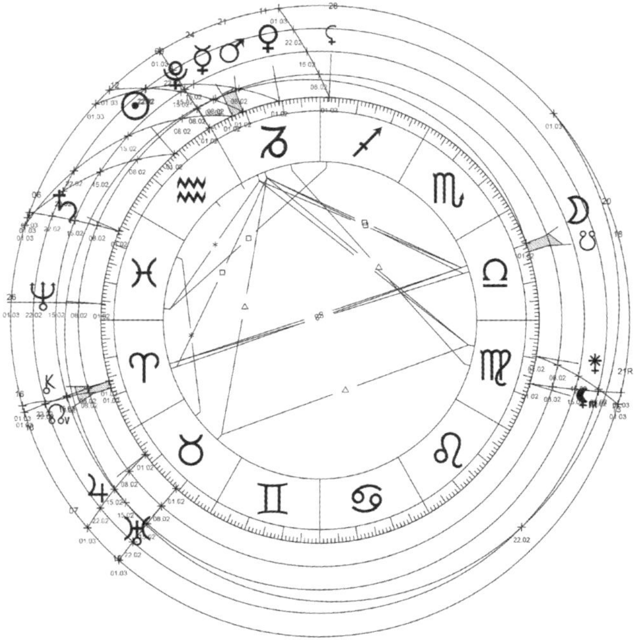

Éphémérides planétaires

Mercure passe en **Verseau** - Lu.5.Fév.2024 - 5h10
Cérès passe en **Capricorne** - Me.7.Fév.2024 - 11h11
Mars passe en **Verseau** - Ma.13.Fév.2024 - 6h05
Vénus passe en **Verseau** - Ve.16.Fév.2024 - 16h05
Le **Soleil** passe en **Poissons** - Lu.19.Fév.2024 - 4h13
Mercure passe en **Poissons** - Ve.23.Fév.2024 - 7h29

Nouvelle Lune en **Verseau** (20°41) - 9.Fév.2024 - 23h00
Pleine Lune en **Vierge** (5°23) - 24.Fév.2024 - 12h32

Les aspects planétaires du mois

♆	25° 49'	♓	✶	☿	25° 49'	♑	Ve 02.Fév.2024 10h 55
⚸m	13° 31'	♍	⚻	☉	13° 31'	♒	Ve 02.Fév.2024 21h 32
⚸m	13° 35'	♍	△	♀	13° 35'	♑	Sa 03.Fév.2024 09h 13
⚷	16° 11'	♈	□	♀	16° 11'	♑	Lu 05.Fév.2024 11h 48
⚷	16° 11'	♈	✶	☉	16° 11'	♒	Lu 05.Fév.2024 12h 25
♇	00° 30'	♒	☌	☿			Lu 05.Fév.2024 12h 58
♅	19° 09'	♉	△	♀	19° 09'	♑	Me 07.Fév.2024 21h 25
♆	25° 59'	♓	✶	♂	25° 59'	♑	Je 08.Fév.2024 00h 20
⚵	19° 23'	♍	△	♀	19° 23'	♑	Je 08.Fév.2024 02h 08
♅	19° 09'	♉	□	☉	19° 09'	♒	Je 08.Fév.2024 10h 46
⚵	19° 18'	♍	⚻	☉	19° 18'	♒	Je 08.Fév.2024 14h 09
⚵	19° 10'	♍	△	♅	19° 10'	♉	Ve 09.Fév.2024 07h 06
♃	08° 23'	♉	□	☿	08° 23'	♒	Sa 10.Fév.2024 13h 25
♆	26° 10'	♓	✶	♀	26° 10'	♑	Ma 13.Fév.2024 13h 36
♇	00° 46'	♒	☌	♂			Me 14.Fév.2024 06h 06
⚸m	14° 49'	♍	⚻	☿	14° 49'	♒	Me 14.Fév.2024 12h 01
⚷	16° 34'	♈	✶	☿	16° 34'	♒	Je 15.Fév.2024 13h 15
⚵	17° 43'	♍	⚻	☿	17° 43'	♒	Ve 16.Fév.2024 05h 35
♅	19° 17'	♉	□	☿	19° 17'	♒	Sa 17.Fév.2024 03h 53
♇	00° 52'	♒	☌	♀			Sa 17.Fév.2024 08h 48
⚵	16° 46'	♍	⚻	⚷	16° 46'	♈	Ma 20.Fév.2024 06h 16
♂	06° 58'	♒	☌	♀			Je 22.Fév.2024 07h 14
⚵	15° 52'	♍	☌	⚸m			Ve 23.Fév.2024 22h 57
♃	10° 31'	♉	□	♀	10° 31'	♒	Di 25.Fév.2024 04h 01
⚳	06° 12'	♑	✶	☉	06° 12'	♓	Di 25.Fév.2024 07h 48
⚳	06° 45'	♑	✶	☿	06° 45'	♓	Ma 27.Fév.2024 00h 27
♃	10° 52'	♉	□	♂	10° 52'	♒	Ma 27.Fév.2024 08h 30
☿	09° 15'	♓	☌	☉			Me 28.Fév.2024 08h 43
⚵	14° 43'	♍	⚻	♀	14° 43'	♒	Me 28.Fév.2024 13h 27
♄	09° 45'	♓	☌	☿			Me 28.Fév.2024 15h 08
♄	09° 47'	♓	☌	☉			Me 28.Fév.2024 21h 26
♃	11° 13'	♉	✶	☿	11° 13'	♓	Je 29.Fév.2024 09h 53

Coup de projecteur sur les astres du mois

À partir du 5, **Mercure** vient à votre rescousse. Vous parviendrez à mieux communiquer et cela vous aidera dans toutes vos relations et dans tous les secteurs de votre vie.

Dès le 7, et ce, pour plusieurs semaines, **Cérès** freine vos résultats. Vous allez devoir faire preuve de patience. Attendez-vous à devoir faire de nombreux compromis. Attention à ne pas dépenser plus que vous ne gagnez. Profitez de ce mois pour revoir votre rapport à l'argent.

Le 13, **Mars**, puis le 16, **Vénus** vous libèrent de leur influence contraignante. Avec ces deux planètes à vos côtés, ainsi que la timide **Pluton**, votre vie personnelle ainsi que vos différents projets vont commencer à bouger. Pour certains natifs, février est le point de départ d'une nouvelle aventure ou d'une période d'essai.

Vous et votre travail

Comptez sur une bonne analyse des situations ou des personnes que vous côtoierez professionnellement. Grâce à cette « clairvoyance », vous avancez comme vous le souhaitez dans un projet ou vous parviendrez à reprendre votre situation en main. Pour certains natifs, tout vous incite à exprimer vos idées ou votre point de vue. C'est la bonne période pour lancer de nouvelles entreprises ou donner une nouvelle dynamique à votre équipe de travail.

En quête d'un emploi

Si le mois dernier, le résultat de vos démarches se faisait attendre, en février, ça bouge. Vous devez répondre à de nombreuses sollicitations, vous voyez une entrevue aboutir à une période d'essai ou vous vous sentez prêt à vous lancer dans un projet personnel, voire à créer votre entreprise. Foncez sans vous poser de questions.

En mode retraite

Votre vie sociale est plus intense que le mois précédent. Plus extraverti, plus communicatif et plus ouvert, vous allez spontanément vers les autres. C'est également un mois parfait pour découvrir une nouvelle activité ou un nouveau loisir.

Vos points forts

Votre réactivité, votre vivacité d'esprit, votre dynamisme.

Vos points faibles

Une forte tendance au jugement.

Fixez vos objectifs professionnels du mois

☆ ……………………………………………………………………………………
……………………………………………………………………………………
……………………………………………………………………………………
☆ ……………………………………………………………………………………
……………………………………………………………………………………
……………………………………………………………………………………
☆ ……………………………………………………………………………………
……………………………………………………………………………………
……………………………………………………………………………………
☆ ……………………………………………………………………………………
……………………………………………………………………………………
……………………………………………………………………………………
☆ ……………………………………………………………………………………
……………………………………………………………………………………

Vos moyens pour y parvenir

☆ ……………………………………………………………………………………
……………………………………………………………………………………
……………………………………………………………………………………
☆ ……………………………………………………………………………………
……………………………………………………………………………………
……………………………………………………………………………………
☆ ……………………………………………………………………………………
……………………………………………………………………………………
……………………………………………………………………………………
☆ ……………………………………………………………………………………
……………………………………………………………………………………
……………………………………………………………………………………
☆ ……………………………………………………………………………………
……………………………………………………………………………………

Vous et vos amours

À deux

Le dialogue fait son retour dans votre couple. Parvenant à mieux vous comprendre au fil des jours, la passion refait surface. Février est un excellent mois pour vous retrouver, mettre en place des projets, parler mariage et même enfant. Ainsi, l'épanouissement, la douceur, la fantaisie et la bonne humeur sont au rendez-vous.

Couple en crise

Les astres vous offrent la possibilité de recouvrer harmonie et écoute au sein de votre relation. À vous de saisir cette opportunité pour réussir à venir à bout de vos problèmes passés et de trouver des solutions. C'est le moment parfait pour enterrer la hache de guerre et vous donner une nouvelle chance. Saurez-vous sauter sur cette occasion ?

Célibataire

Fort de vos atouts de séduction, vous ne laissez personne indifférent. Sachez saisir votre chance pour faire une rencontre car tous les feux sont au vert. Acceptez les sorties et les invitations de dernière minute, cela pourrait bien changer votre réalité.

Vos points forts

Un *sexappeal* à toute épreuve, une grande douceur et une bonne humeur à revendre.

Vos points faibles

Une certaine forme de superficialité.

Faites le point sur votre vie amoureuse

Quelles sont vos envies du moment?

Où en êtes-vous dans votre relation?

☆ ....

....

....

☆ ....

....

....

☆ ....

....

....

☆ ....

....

....

☆ ....

....

De quels moyens disposez-vous pour faire évoluer votre situation?

☆ ....

....

....

☆ ....

....

....

☆ ....

....

....

☆ ....

....

....

....

Vous et votre bien-être

Bien dans vos baskets, vous êtes en pleine forme. Plus combatif, plus enjoué, vous êtes un « régal » pour vos amis ou vos proches. Sachant répondre aux besoins de votre organisme, vous débordez d'énergie et d'entrain.

Vos points forts

Une grande résistance et une certaine détermination.

Vos points faibles du mois

Une légère tendance aux excès.

Vos objectifs bien-être de février

☆ ....

....

....

☆ ....

....

....

☆ ....

....

....

☆ ....

....

....

☆ ....

....

....

☆ ....

....

À vous de jouer !

Listez les atouts offerts par les astres

☆ ……………………………………………………………………………

……………………………………………………………………………

……………………………………………………………………………

☆ ……………………………………………………………………………

……………………………………………………………………………

……………………………………………………………………………

☆ ……………………………………………………………………………

……………………………………………………………………………

……………………………………………………………………………

☆ ……………………………………………………………………………

……………………………………………………………………………

……………………………………………………………………………

☆ ……………………………………………………………………………

……………………………………………………………………………

……………………………………………………………………………

Listez les actions possibles

☆ ……………………………………………………………………………

……………………………………………………………………………

……………………………………………………………………………

☆ ……………………………………………………………………………

……………………………………………………………………………

……………………………………………………………………………

☆ ……………………………………………………………………………

……………………………………………………………………………

……………………………………………………………………………

☆ ……………………………………………………………………………

……………………………………………………………………………

……………………………………………………………………………

Les plus de votre ascendant

Balance – Bélier: au fil des jours, l'ambiance devient plus légère. Petit à petit, vous reprenez le cours de votre vie et votre situation en main.

Balance – Taureau: de beaux aspects planétaires vous invitent à avancer dans vos différents projets. Vous avez le vent en poupe. Foncez.

Balance – Gémeaux: belle période qui vous voit vous épanouir dans tous les domaines. Bien dans votre tête et dans vos baskets, vous êtes au top.

Balance – Cancer: comptez sur le soutien de vos amis, de vos proches ou de vos supérieurs. Comblé, vous êtes aux anges et confiant.

Balance – Lion: la période est aux sorties, aux invitations et aux rencontres. Profitez-en pour élargir votre cercle relationnel et prendre de nouveaux contacts.

Balance – Vierge: quelle que soit votre situation, vous pouvez compter sur le soutien de vos collaborateurs, vos supérieurs ou votre moitié.

Balance – Balance: vos projets et vos amours sont au centre de vos pensées. C'est le moment parfait pour agir ou booster votre vie sentimentale.

Balance – Scorpion: mois mi-figue mi-raisin, essayez de ne pas vous laisser envahir par la mélancolie ou la lassitude, surtout durant la seconde partie du mois.

Balance – Sagittaire: la période est propice aux démarches, aux actions et aux entreprises en tout genre. Élargissez votre carnet d'adresses.

Balance – Capricorne: beau mois pour enraciner une situation ou pour consolider votre budget. Tout vous invite à plus de concret.

Balance – Verseau: vous débordez de charme et de créativité. Vous êtes en pleine possession de vos moyens. L'amour est un point important de votre épanouissement.

Balance – Poissons: mettez-vous en retrait et profitez de cette période pour vous ressourcer. Pour certains, saisissez chaque occasion de mieux cerner vos aspirations.

mars

Carte du ciel du mois

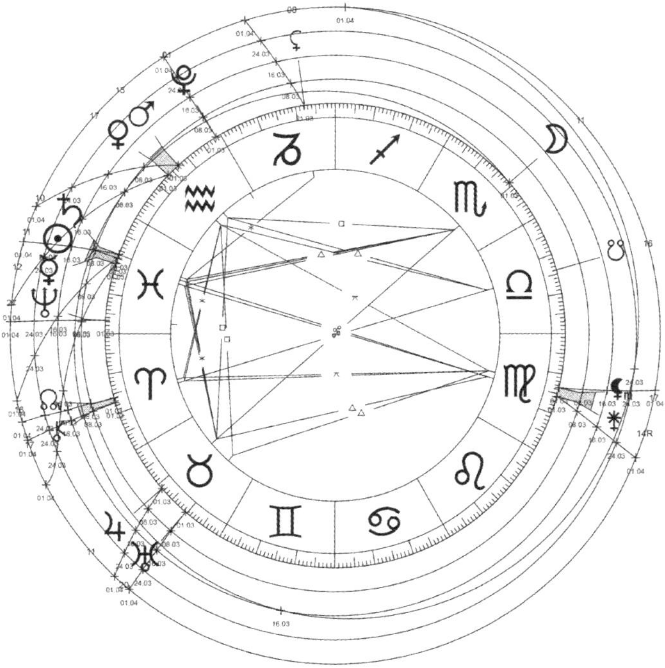

Éphémérides planétaires

Mercure passe en **Bélier** - Di.10.Mar.2024 - 4h03
Vénus passe en **Poissons** - Lu.11.Mar.2024 - 21h50
Le **Soleil** passe en **Bélier** - Me.20.Mar.2024 - 3h06
Mars passe en **Poissons** - Ve.22.Mar.2024 - 23h47

Nouvelle Lune en **Poissons** (20°17) - 10.Mar.2024 - 9h02
Pleine Lune en **Balance** (5°07) - 25.Mar.2024 - 7h01

Les aspects planétaires du mois

⚸m	16° 33'	♍	⚻	♀	16° 33'	♒	Ve 01.Mar.2024 01h 04
♃	11° 24'	♉	✶	☉	11° 24'	♓	Ve 01.Mar.2024 12h 15
⚷	17° 16'	♈	✶	♀	17° 16'	♒	Ve 01.Mar.2024 14h 56
⚵	14° 06'	♍	☍	☿	14° 06'	♓	Ve 01.Mar.2024 22h 32
⚵	14° 00'	♍	⚻	♂	14° 00'	♒	Sa 02.Mar.2024 09h 19
⚸m	16° 48'	♍	☍	☿	16° 48'	♓	Di 03.Mar.2024 08h 24
♅	19° 39'	♉	□	♀	19° 39'	♒	Di 03.Mar.2024 13h 17
⚵	13° 39'	♍	☍	☉	13° 39'	♓	Di 03.Mar.2024 17h 59
♅	19° 42'	♉	✶	☿	19° 42'	♓	Lu 04.Mar.2024 20h 24
⚸m	17° 09'	♍	⚻	♂	17° 09'	♒	Me 06.Mar.2024 11h 05
⚷	17° 32'	♈	✶	♂	17° 32'	♒	Me 06.Mar.2024 23h 02
⚸m	17° 15'	♍	☍	☉	17° 15'	♓	Je 07.Mar.2024 08h 18
⚵	12° 34'	♍	△	♃	12° 34'	♉	Ve 08.Mar.2024 01h 31
♆	27° 01'	♓	☌	☿			Ve 08.Mar.2024 15h 06
♅	19° 52'	♉	□	♂	19° 52'	♒	Sa 09.Mar.2024 22h 55
♅	19° 52'	♉	✶	☉	19° 52'	♓	Sa 09.Mar.2024 23h 01
♇	01° 28'	♒	✶	☿	01° 28'	♈	Di 10.Mar.2024 22h 20
⚸m	17° 51'	♍	⚻	⚷	17° 51'	♈	Ma 12.Mar.2024 16h 10
⚵	11° 22'	♍	☍	♄	11° 22'	♓	Ma 12.Mar.2024 23h 51
⚵	11° 21'	♍	△	⚳	11° 21'	♑	Me 13.Mar.2024 01h 28
⚳	11° 24'	♑	✶	♄	11° 24'	♓	Me 13.Mar.2024 04h 55
⚵	10° 42'	♍	⚻	☿	10° 42'	♈	Ve 15.Mar.2024 22h 34
⚳	12° 27'	♑	□	☿	12° 27'	♈	Sa 16.Mar.2024 23h 07
♆	27° 22'	♓	☌	☉			Di 17.Mar.2024 11h 22
⚵	09° 51'	♍	☍	♀	09° 51'	♓	Ma 19.Mar.2024 20h 54
⚷	18° 18'	♈	☌	☿			Me 20.Mar.2024 17h 25
⚸m	18° 47'	♍	⚻	☿	18° 47'	♈	Je 21.Mar.2024 01h 51
♇	01° 42'	♒	✶	☉	01° 42'	♈	Je 21.Mar.2024 20h 03
♄	12° 27'	♓	☌	♀			Je 21.Mar.2024 23h 09
⚳	14° 08'	♑	✶	♀	14° 08'	♓	Sa 23.Mar.2024 08h 03
♃	15° 49'	♉	✶	♀	15° 49'	♓	Di 24.Mar.2024 16h 37
⚸m	19° 31'	♍	☍	♀	19° 31'	♓	Me 27.Mar.2024 16h 27
⚵	08° 16'	♍	⚻	☉	08° 16'	♈	Je 28.Mar.2024 11h 26
♅	20° 37'	♉	✶	♀	20° 37'	♓	Je 28.Mar.2024 13h 58

Coup de projecteur sur les astres du mois

À partir du 10, **Mercure** vient faciliter vos échanges avec les autres. Les sorties et les invitations sont favorisées. Pour certains d'entre vous, vous parviendrez à mieux communiquer avec votre partenaire. La période est aux grandes discussions. Profitez-en. Pour d'autres, l'astre de la communication vous permet de faire de belles rencontres professionnelles.

À partir du 20, le **Soleil** vient éclairer le signe opposé au vôtre. Ainsi, entrez-vous dans un cycle propice à l'épanouissement social ou sentimental.

Jusqu'au 23, profitez encore des influx de **Mars**. Surfez sur ses courants pour donner vie à une entreprise ou un projet qui vous tient à cœur. Si vous avez envie de booster votre vie amoureuse ou si vous êtes en quête de passion, la planète rouge devrait vous aider. À vous de réussir à bien utiliser « son énergie ».

Vous et votre travail

Tout vous incite à travailler avec méthode et application. Concentrez-vous sur votre activité et sur vos tâches afin de les mener à bien. Prenez le temps d'approfondir certains sujets ou certaines de vos connaissances. Ne laissez rien au hasard. Pour certains natifs, mars est un mois parfait pour consolider une entreprise ou pour booster un de vos projets.

En quête d'un emploi

Ne craignez pas d'explorer des domaines que vous ne connaissez pas ou que vous ne maîtrisez pas. Profitez de ce mois pour consolider certaines compétences. Faites preuve de curiosité. Ouvrez-vous à de nouveaux domaines et n'hésitez pas à faire un stage ou une formation. Sachez vous imposer et montrez de quoi vous êtes capable. Ayez le courage de vos opinions. Assumez vos ambitions.

En mode retraite

L'ennui n'est pas au rendez-vous. Vos nombreuses activités et loisirs contribuent à votre bien-être ainsi qu'à votre épanouissement. Certains natifs découvriront une passion dans laquelle ils s'investiront durant plusieurs mois et même plusieurs années. Pour d'autres, vous trouverez les moyens de bousculer vos habitudes et vous vous ouvrirez à d'autres horizons ou d'autres relations.

Vos points forts

Votre combativité, votre désir de vérité et de concret.

Vos points faibles

Une certaine impulsivité ou une tendance à vouloir aller trop vite.

Fixez vos objectifs professionnels du mois

☆ ....

....

....

☆ ....

....

....

☆ ....

....

....

☆ ....

....

....

☆ ....

....

Vos moyens pour y parvenir

☆ ....

....

....

☆ ....

....

....

☆ ....

....

....

☆ ....

....

....

☆ ....

....

Vous et vos amours

À deux

Encore un mois intéressant qui vous permettra de rompre avec la monotonie et les habitudes. Donnez un coup de boost à votre vie conjugale. Multipliez les occasions de surprendre votre moitié. Pour certains natifs, c'est le moment de prendre votre situation en main. Ne craignez pas de reconquérir votre partenaire.

Les échanges sont à l'honneur et vous n'avez aucun mal à vous comprendre.

Couple en crise

La période est plus propice aux explications et au dialogue. Si vous souhaitez mettre à plat votre situation et vos états d'âme, c'est le bon mois. N'ayez pas peur d'exprimer ce que vous avez sur le cœur ou d'essayer de mieux comprendre les attentes de votre partenaire. Pour certains, n'hésitez pas à faire appel à une aide extérieure pour régler vos problèmes.

Célibataire

Vos amis tiennent une place importante et contribuent à votre épanouissement. Si l'amour n'est pas au rendez-vous, l'amitié vous comble et vous apporte énormément. Attention toutefois à ne pas confondre amitié et amour. Évitez le mélange des genres qui pourrait être source de frustrations ainsi que de déceptions.

Vos points forts

Une plus grande capacité à comprendre
les autres ou l'autre.

Vos points faibles

Une tendance à être trop exclusif
ou trop possessif.

Faites le point sur votre vie amoureuse

Quelles sont vos envies du moment?

Où en êtes-vous dans votre relation?

✩ ……………………………………………………………………………

……………………………………………………………………………

……………………………………………………………………………

✩ ……………………………………………………………………………

……………………………………………………………………………

……………………………………………………………………………

✩ ……………………………………………………………………………

……………………………………………………………………………

……………………………………………………………………………

✩ ……………………………………………………………………………

……………………………………………………………………………

……………………………………………………………………………

✩ ……………………………………………………………………………

……………………………………………………………………………

De quels moyens disposez-vous pour faire évoluer votre situation?

✩ ……………………………………………………………………………

……………………………………………………………………………

……………………………………………………………………………

✩ ……………………………………………………………………………

……………………………………………………………………………

……………………………………………………………………………

✩ ……………………………………………………………………………

……………………………………………………………………………

……………………………………………………………………………

✩ ……………………………………………………………………………

……………………………………………………………………………

……………………………………………………………………………

……………………………………………………………………………

Vous et votre bien-être

Vous bénéficiez toujours d'une belle énergie qui vous permet d'aller au bout de toutes vos entreprises. Vif et dynamique, rien ne vous arrête. Déterminé, combatif et énergique, avancez dans vos actions et vos projets sans vous poser de questions.

<u>**Vos points forts**</u>

Votre résistance physique et psychologique, votre soif de conquête.

<u>**Vos points faibles du mois**</u>

Une certaine tendance à surestimer vos forces.

Vos objectifs bien-être de mars

☆ ....

....

....

☆ ....

....

....

☆ ....

....

....

☆ ....

....

....

☆ ....

....

....

À vous de jouer !

Listez les atouts offerts par les astres

- ☆ ……………………………………………………………………………………

……………………………………………………………………………………

……………………………………………………………………………………

- ☆ ……………………………………………………………………………………

……………………………………………………………………………………

……………………………………………………………………………………

- ☆ ……………………………………………………………………………………

……………………………………………………………………………………

……………………………………………………………………………………

- ☆ ……………………………………………………………………………………

……………………………………………………………………………………

……………………………………………………………………………………

- ☆ ……………………………………………………………………………………

……………………………………………………………………………………

Listez les actions possibles

- ☆ ……………………………………………………………………………………

……………………………………………………………………………………

……………………………………………………………………………………

- ☆ ……………………………………………………………………………………

……………………………………………………………………………………

……………………………………………………………………………………

- ☆ ……………………………………………………………………………………

……………………………………………………………………………………

……………………………………………………………………………………

- ☆ ……………………………………………………………………………………

……………………………………………………………………………………

……………………………………………………………………………………

- ☆ ……………………………………………………………………………………

……………………………………………………………………………………

Les plus de votre ascendant

Balance – Bélier: vos amis et votre vie sociale sont une source inépuisable de bonne humeur, de fantaisie et de bien-être.

Balance – Taureau: le moment est venu de mettre les compteurs à zéro, de définir une nouvelle ligne de conduite ou de vous ouvrir à l'inconnu.

Balance – Gémeaux: donnez libre cours à vos envies. Suivez votre instinct. Multipliez les initiatives et ne craignez pas de prendre des risques. Sortez des sentiers battus.

Balance – Cancer: en couple, restez à l'écoute. Faites des compromis. Pour d'autres natifs, ouvrez-vous à d'autres perspectives.

Balance – Lion: laissez plus de place à votre partenaire ou à vos collaborateurs. Ne craignez pas de déléguer certaines tâches ou actions.

Balance – Vierge: c'est un mois intéressant mis sous le signe de l'amitié, des autres ainsi que de l'amour. Donnez-vous les moyens de consolider les liens qui vous unissent à ceux et celles que vous aimez.

Balance – Balance: les négociations, les discussions, les rendez-vous mais également les signatures de contrat sont à l'honneur.

Balance – Scorpion: profitez de ce mois pour consolider votre relation amoureuse ou pour mieux définir vos aspirations sentimentales.

Balance – Sagittaire: vous connaîtrez une légère baisse de vitalité ou vous serez plus sensible au stress. Essayez de vous préserver des tensions. Ne vous laissez pas entraîner dans des querelles inutiles.

Balance – Capricorne: vous partagez de bons moments avec vos amis et vous pouvez compter sur leurs conseils. C'est également un excellent mois pour les démarches en tout genre.

Balance – Verseau: toujours aussi dynamique, rien ne vous résiste. Vous ne manquez pas une occasion d'aller de l'avant et vous viendrez à bout de toutes les oppositions du moment.

Balance – Poissons: excellente période pour gagner en maturité, en détermination ou en confiance en vous. Profitez-en pour montrer de quoi vous êtes capable.

avril

Carte du ciel du mois

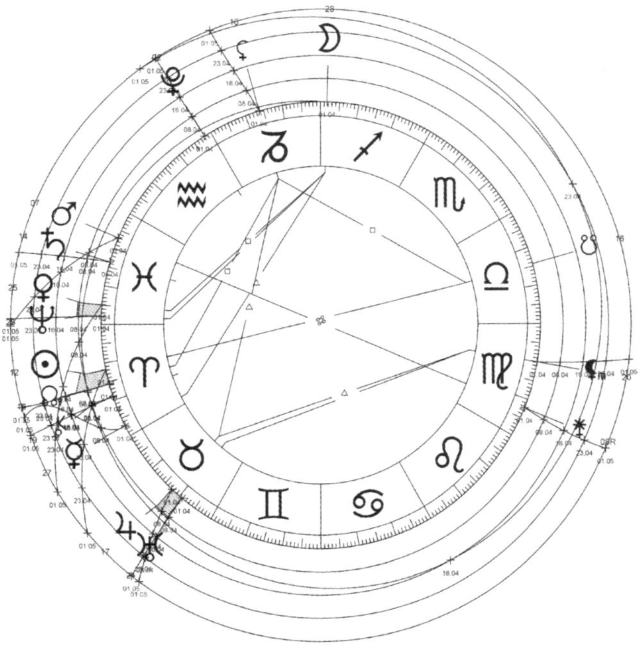

Éphémérides planétaires

Mercure devient **rétrograde** en **Bélier** (27°13) - Lu.1.Avr.2024 - 22h14

Vénus passe en **Bélier** - Ve.5.Avr.2024 - 4h00

Le **Soleil** passe en **Taureau** - Ve.19.Avr.2024 - 14h00

Junon devient **direct** en **Vierge** (6°18) - Lu.22.Avr.2024 - 3h09

Mercure devient **directe** en **Bélier** (15°59) - Je.25.Avr.2024 - 12h54

Vénus passe en **Taureau** - Lu.29.Avr.2024 - 11h31

Mars passe en **Bélier** - Ma.30.Avr.2024 - 15h33

Nouvelle Lune en **Bélier** (19°24) - 8.Avr.2024 - 18h22
Pleine Lune en **Scorpion** (4°18) - 23.Avr.2024 - 23h50

Les aspects planétaires du mois

⚵	07° 38' ♍	☍	♂	07° 38' ♓	Lu 01.Avr.2024 19h 22
♆	28° 00' ♓	☌	♀		Me 03.Avr.2024 13h 10
♇	01° 57' ♒	⚹	♀	01° 57' ♈	Sa 06.Avr.2024 17h 45
⚳	17° 26' ♑	□	☉	17° 26' ♈	Sa 06.Avr.2024 18h 20
⚷	19° 24' ♈	☌	☉		Lu 08.Avr.2024 18h 26
⚸m	21° 03' ♍	⚻	☉	21° 03' ♈	Me 10.Avr.2024 10h 36
⚵	06° 43' ♍	⚻	♀	06° 43' ♈	Me 10.Avr.2024 14h 37
♄	14° 41' ♓	☌	♂		Me 10.Avr.2024 20h 36
☿	22° 32' ♈	☌	☉		Je 11.Avr.2024 23h 03
⚸m	21° 23' ♍	⚻	☿	21° 23' ♈	Sa 13.Avr.2024 11h 41
⚸m	21° 27' ♍	△	♅	21° 27' ♉	Di 14.Avr.2024 00h 06
⚷	19° 49' ♈	☌	☿		Lu 15.Avr.2024 15h 26
⚳	19° 11' ♑	□	☿	19° 11' ♈	Ma 16.Avr.2024 13h 19
⚳	19° 13' ♑	⚹	♂	19° 13' ♓	Ma 16.Avr.2024 16h 40
♀	17° 33' ♈	☌	☿		Ve 19.Avr.2024 08h 59
♃	21° 30' ♉	⚹	♂	21° 30' ♓	Ve 19.Avr.2024 15h 28
♅	21° 46' ♉	⚹	♂	21° 46' ♓	Ve 19.Avr.2024 23h 56
⚸m	22° 10' ♍	☍	♂	22° 10' ♓	Sa 20.Avr.2024 12h 21
♅	21° 50' ♉	☌	♃		Di 21.Avr.2024 02h 28
⚳	19° 52' ♑	□	♀	19° 52' ♈	Di 21.Avr.2024 06h 23
⚷	20° 09' ♈	☌	♀		Di 21.Avr.2024 11h 47
♇	02° 05' ♒	□	☉	02° 05' ♉	Di 21.Avr.2024 17h 02
⚸m	22° 29' ♍	⚻	♀	22° 29' ♈	Ma 23.Avr.2024 09h 17
⚸m	22° 37' ♍	△	♃	22° 37' ♉	Me 24.Avr.2024 12h 23
⚳	20° 22' ♑	□	⚷	20° 22' ♈	Je 25.Avr.2024 05h 47
⚵	06° 21' ♍	△	☉	06° 21' ♉	Ve 26.Avr.2024 02h 15
♆	28° 52' ♓	☌	♂		Lu 29.Avr.2024 04h 31

Coup de projecteur sur les astres du mois

Le **Soleil**, jusqu'au 19, et **Vénus**, jusqu'au 29, viennent tenir compagnie à **Mercure rétrograde** et à **Chiron** dans le signe opposé au vôtre. Conséquence, votre vie sociale est mise en avant durant une grande partie du mois. Avril est une période parfaite pour négocier des contrats, établir de nouveaux contacts, relancer des personnes que vous aviez démarchées le mois dernier ou tout simplement pour vous axer sur votre vie sentimentale.

Vers le 19, **Mars** en bonne relation au couple **Jupiter-Uranus** va vous permettre de trouver un nouveau terrain de jeu ou vous permet de mettre à jour de nouvelles ressources. Pour certains d'entre vous, la fin du mois rime avec regain d'énergie et d'enthousiasme. Pour d'autres, fin avril peut être marquée par un problème d'héritage, d'impôts ou d'argent.

Vous et votre travail

Les astres protègent vos relations avec vos collaborateurs et vos supérieurs. Quoi que vous fassiez, vous pouvez compter sur leur soutien et leur écoute. Avril est une période marquée par de nombreuses discussions. Les réunions de service, les négociations et les rendez-vous d'affaires sont à l'honneur. Pour certains, c'est le bon moment pour prendre des initiatives et multiplier les contacts. Tout vous invite à consolider votre cercle relationnel professionnel. La période est aussi parfaite pour exploiter de nouvelles ressources.

En quête d'un emploi

Si vous devez passer des entretiens, c'est le moment de donner tout ce que vous avez et de vous démarquer. Ne craignez pas de vous imposer. Montrez qui vous êtes et surtout de quoi vous êtes capable. Ce mois est également favorable au démarchage. Toutefois, pensez à bien cibler vos recherches et vos actions. Pour d'autres natifs, si vous avez déjà sollicité des entreprises les mois précédents, n'ayez pas peur de les recontacter. Rappelez-vous à leur bon souvenir.

En mode retraite

Votre vie sociale est d'une grande richesse. Vous êtes très sollicité et vous devez répondre à de nombreuses invitations. Vos amis vous apportent fantaisie, douceur, bonne humeur et attention. De très jolis moments de partage sont à vivre.

Vos points forts

Une grande facilité à communiquer, une vraie curiosité de l'autre.

Vos points faibles

Une certaine forme d'exigence ou d'élitisme.

Fixez vos objectifs professionnels du mois

☆ ....

....

....

☆ ....

....

....

☆ ....

....

....

☆ ....

....

....

☆ ....

....

Vos moyens pour y parvenir

☆ ....

....

....

☆ ....

....

....

☆ ....

....

....

☆ ....

....

....

☆ ....

....

Vous et vos amours

À deux

Les astres sont de votre côté et protègent vos amours. L'écoute et le dialogue rythment votre quotidien. Vous parvenez à bien vous comprendre et cela profite à votre relation. L'harmonie et la douceur sont au rendez-vous. Votre partenaire est plus présent et vous témoigne de son affection. Comblé et rassuré, vous êtes pleinement épanoui.

Couple en crise

Encore une période clé pour celles et ceux qui désirent sortir du tumulte dans lequel ils étaient plongés. Les astres vous offrent une nouvelle fois des possibilités de remédier à certains de vos problèmes. Saisissez la perche qui vous est tendue. Mettez tout à plat. Exprimez-vous calmement. Restez à l'écoute de votre moitié et profitez-en pour remettre les compteurs à zéro.

Célibataire

Ouvrez les yeux car l'amour n'est pas loin. Si vous rêviez de vous lancer dans une nouvelle histoire, saisissez l'occasion qui se présente. Pour faciliter les rencontres, dites oui aux sorties et aux invitations. Acceptez de prendre quelques « risques » et lancez-vous. Pour certains natifs, attention à ne pas chercher à remettre le couvert avec un(e) ex, cela ne donnera rien.

Vos points forts

Une facilité à exprimer vos émotions et vos sentiments.

Vos points faibles

Une quête de la perfection.

Faites le point sur votre vie amoureuse
Quelles sont vos envies du moment?
Où en êtes-vous dans votre relation?

☆ ....
....
....
☆ ....
....
....
☆ ....
....
....
☆ ....
....
....
☆ ....
....

De quels moyens disposez-vous pour faire évoluer votre situation?

☆ ....
....
....
☆ ....
....
....
☆ ....
....
....
☆ ....
....
....
....

Vous et votre bien-être

Ce mois-ci, les astres vous donnent la possibilité de vous ressourcer, de gagner en dynamisme ou de découvrir des possibilités que vous ne soupçonniez pas. Les autres jouent un rôle clé dans votre épanouissement et votre équilibre personnel.

Vos points forts
Une rapidité de récupération, une facilité à puiser au fond de vous.

Vos points faibles du mois
Toujours une tendance à faire des excès.

Vos objectifs bien-être d'avril

☆ ....
....
....

☆ ....
....
....

☆ ....
....
....

☆ ....
....
....

☆ ....
....
....

À vous de jouer !

Listez les atouts offerts par les astres

- ☆ ....
....
....
- ☆ ....
....
....
- ☆ ....
....
....
- ☆ ....
....
....

Listez les actions possibles

- ☆ ....
....
....
- ☆ ....
....
....
- ☆ ....
....
....
- ☆ ....
....
....
- ☆ ....
....
....

Les plus de votre ascendant

Balance – Bélier : vous rayonnez et êtes au top de votre forme. Profitez de ce mois pour avancer dans vos projets et relever de nouveaux défis.

Balance – Taureau : belle période pour démarrer un nouveau cycle ou pour lancer une entreprise pleine d'avenir.

Balance – Gémeaux : donnez la priorité à votre vie sociale ou amicale. Acceptez les invitations et les sorties. Dites oui aux nouvelles rencontres.

Balance – Cancer : tout vous incite et vous invite à sortir des sentiers battus. Faites preuve de curiosité. Saisissez chaque occasion de découvrir de nouveaux domaines ou de lier de nouvelles connaissances.

Balance – Lion : attendez-vous à une accélération de votre rythme de vie ou de travail. C'est une période marquée par les choix et les décisions.

Balance – Vierge : entourez-vous de personnes vives et dynamiques. Donnez plus de place à votre partenaire si vous êtes en couple. Intégrez une nouvelle équipe de travail.

Balance – Balance : votre vie sociale comme votre vie amoureuse sont à l'honneur. Les échanges sont protégés et vous apportent énormément.

Balance – Scorpion : c'est un excellent mois pour donner une nouvelle direction à votre vie sentimentale ou pour faire une belle rencontre amoureuse.

Balance – Sagittaire : mois mitigé qui vous voit passer de moments de fatigue à des périodes d'intense activité. Essayez de bien gérer votre temps et votre énergie.

Balance – Capricorne: le stress fait irruption dans votre vie. Efforcez-vous de vous octroyer des temps de détente en compagnie de vos proches et de vos amis afin de vous ressourcer.

Balance – Verseau: la période est propice aux actions ainsi qu'aux démarches. Pour certains, un stage ou une formation vous ouvre de nouveaux horizons.

Balance – Poissons: en pleine possession de vos moyens, vous êtes en bonne forme. Vif, entreprenant et plus combatif, c'est le moment parfait pour bouger et reprendre votre vie en main si vous le souhaitez.

mai

Carte du ciel du mois

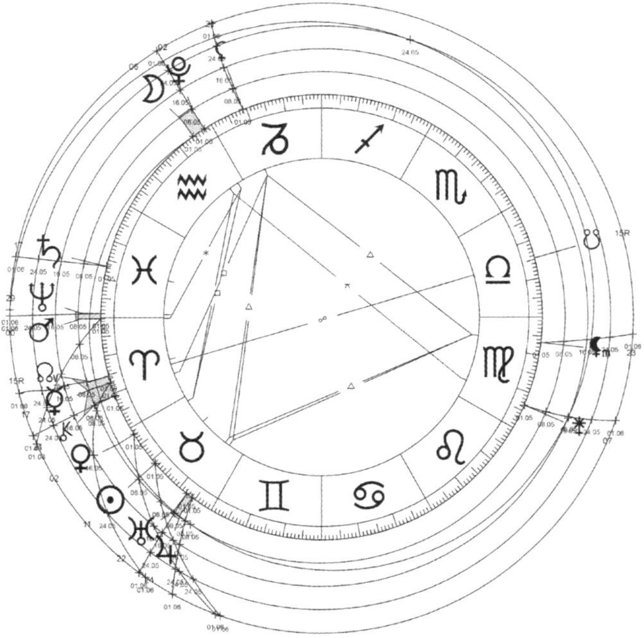

Éphémérides planétaires

Pluton rétrograde en **Verseau** (2°06) - Je.2.Mai.2024 - 17h42
Cérès rétrograde en **Capricorne** (21°33) - Me.15.Mai.2024 - 5h38
Mercure passe en **Taureau** - Me.15.Mai.2024 - 17h05
Le **Soleil** passe en **Gémeaux** - Lu.20.Mai.2024 - 13h00
Vénus passe en **Gémeaux** - Je.23.Mai.2024 - 20h30
Jupiter passe en **Gémeaux** - Sa.25.Mai.2024 - 23h15

Nouvelle Lune en **Taureau** (18°02) - 8.Mai.2024 - 3h23
Pleine Lune en **Sagittaire** (2°55) - 23.Mai.2024 - 13h54

Les aspects planétaires du mois

♇	02° 06' ♒	□	♀	02° 06' ♉	Me 01.Mai.2024 04h 29
♇	02° 06' ♒	✶	♂	02° 06' ♈	Ve 03.Mai.2024 09h 06
⚵	06° 48' ♍	△	♀	06° 48' ♉	Sa 04.Mai.2024 23h 51
⚷	21° 02' ♈	☌	☿		Ma 07.Mai.2024 02h 24
♄	17° 10' ♓	✶	☉	17° 10' ♉	Ma 07.Mai.2024 05h 42
⚳	21° 22' ♑	□	☿	21° 22' ♈	Ma 07.Mai.2024 11h 51
⚵	07° 15' ♍	⚻	♂	07° 15' ♈	Ve 10.Mai.2024 01h 46
⚸m	24° 26' ♍	⚻	☿	24° 26' ♈	Ve 10.Mai.2024 18h 55
⚳	21° 30' ♑	△	☉	21° 30' ♉	Sa 11.Mai.2024 17h 31
♅	23° 06' ♉	☌	☉		Lu 13.Mai.2024 09h 13
♄	17° 40' ♓	✶	♀	17° 40' ♉	Lu 13.Mai.2024 19h 45
⚸m	24° 56' ♍	△	☉	24° 56' ♉	Me 15.Mai.2024 06h 38
⚳	21° 32' ♑	□	⚷	21° 32' ♈	Je 16.Mai.2024 14h 52
⚳	21° 32' ♑	△	♀	21° 32' ♉	Je 16.Mai.2024 23h 16
♇	02° 03' ♒	□	☿	02° 03' ♉	Ve 17.Mai.2024 07h 44
♅	23° 24' ♉	☌	♀		Sa 18.Mai.2024 11h 40
♃	28° 18' ♉	☌	☉		Sa 18.Mai.2024 18h 45
♆	29° 26' ♓	✶	☉	29° 26' ♉	Di 19.Mai.2024 22h 45
⚸m	25° 28' ♍	△	♀	25° 28' ♉	Lu 20.Mai.2024 04h 10
⚵	08° 49' ♍	△	☿	08° 49' ♉	Me 22.Mai.2024 03h 10
♇	02° 01' ♒	△	☉	02° 01' ♊	Me 22.Mai.2024 15h 14
♃	29° 23' ♉	☌	♀		Je 23.Mai.2024 08h 29
♆	29° 30' ♓	✶	♀	29° 30' ♉	Je 23.Mai.2024 10h 51
♆	29° 31' ♓	✶	♃	29° 31' ♉	Je 23.Mai.2024 21h 45
♇	01° 59' ♒	△	♀	01° 59' ♊	Sa 25.Mai.2024 11h 16
♄	18° 33' ♓	✶	☿	18° 33' ♉	Ma 28.Mai.2024 03h 22
⚳	21° 02' ♑	□	♂	21° 02' ♈	Ma 28.Mai.2024 05h 04
⚳	20° 56' ♑	△	☿	20° 56' ♉	Me 29.Mai.2024 11h 39
⚷	22° 10' ♈	☌	♂		Me 29.Mai.2024 17h 06
♅	24° 08' ♉	☌	☿		Ve 31.Mai.2024 05h 54
⚵	10° 28' ♍	□	☉	10° 28' ♊	Ve 31.Mai.2024 10h 33

Coup de projecteur sur les astres du mois

Vous devez attendre les dernières semaines de mai pour qu'il y ait des changements planétaires « majeurs ».

Seule **Mars**, en face de votre signe, vous accompagne tout au long de ce mois. Si vous aviez envie de booster votre vie sociale mais également votre vie sentimentale, vous allez être servi.

Attention aux petites rivalités qui pourraient se créer et voir le jour durant ce passage. Fuyez et évitez les confrontations. Pensez à vous entourer de personnes dynamiques et sincères qui sauront vous porter vers le haut.

Le 20, le **Soleil**, puis le 23, **Vénus**, suivis de **Jupiter** le 25, vous prêtent main-forte. Les jours et surtout les semaines à venir s'annoncent des plus intéressantes et rimeront avec un nouvel épanouissement.

Vous et votre travail

Ne craignez pas d'aller au fond des choses. Ne laissez rien dans le flou ou dans l'ombre. Creusez et peaufinez vos différents projets, vos différentes tâches. Allez droit au but. Travaillez avec des personnes vives et combatives qui sauront vous aider et vous épauler dans toutes vos actions.

En quête d'un emploi

Ne craignez pas d'explorer vos ressources et d'enrichir vos connaissances. Acceptez de faire une formation qui vous permettra de prétendre à d'autres postes. Multipliez les actions et les démarches. Prenez des initiatives. Passez des entretiens mais faites attention de ne pas être trop sûr de vous ou trop directif. Si vous montez votre boîte, allez chercher des personnes sérieuses et compétentes.

En mode retraite

Votre vie sociale est des plus enrichissantes et des plus intenses. Entre vos différentes activités et les sorties avec vos amis, vous ne voyez pas le temps passer. Plus que jamais, vous avez besoin de vous sentir entouré de personnes hautes en couleur.

Vos points forts

Votre esprit d'entreprise
et votre réactivité.

Vos points faibles

Une tendance à vous laisser influencer.

Fixez vos objectifs professionnels du mois

☆ ……………………………………………………………………………………

……………………………………………………………………………………

……………………………………………………………………………………

☆ ……………………………………………………………………………………

……………………………………………………………………………………

……………………………………………………………………………………

☆ ……………………………………………………………………………………

……………………………………………………………………………………

……………………………………………………………………………………

……………………………………………………………………………………

……………………………………………………………………………………

☆ ……………………………………………………………………………………

……………………………………………………………………………………

Vos moyens pour y parvenir

☆ ……………………………………………………………………………………

……………………………………………………………………………………

……………………………………………………………………………………

☆ ……………………………………………………………………………………

……………………………………………………………………………………

……………………………………………………………………………………

☆ ……………………………………………………………………………………

……………………………………………………………………………………

……………………………………………………………………………………

☆ ……………………………………………………………………………………

……………………………………………………………………………………

……………………………………………………………………………………

☆ ……………………………………………………………………………………

……………………………………………………………………………………

……………………………………………………………………………………

Vous et vos amours

À deux

Vous pouvez compter sur votre partenaire pour pimenter votre quotidien conjugal. Attendez-vous à ce que celle-ci ou celui-ci vous surprenne. C'est un bon mois pour mettre un peu de piquant dans votre relation. Multipliez les projets et les activités à deux. Laissez-vous guider par votre moitié.

Couple en crise

Si vous avez réussi à passer les difficultés, vous allez pouvoir donner un nouvel élan à votre relation. Pour certains, la passion fait son grand retour. Pour d'autres natifs qui n'auraient pas saisi les opportunités des mois précédents, l'ambiance se tend et devient vite invivable. Les conflits, les reproches se multiplient. C'est la guerre.

Célibataire

En mode conquête et séduction, vous vous donnez les moyens de vous ouvrir à un nouveau sentiment. C'est le mois idéal pour clôturer un chapitre de votre vie sentimentale afin d'en ouvrir un autre. Si vous avez rencontré une personne le mois dernier, la passion vous accompagne.

Vos points forts

Un tempérament plus enflammé.

Vos points faibles

Une tendance à la facilité et un désir de brûler les étapes.

Faites le point sur votre vie amoureuse

Quelles sont vos envies du moment?

Où en êtes-vous dans votre relation?

☆ ....

....

....

☆ ....

....

....

☆ ....

....

....

☆ ....

....

....

☆ ....

....

De quels moyens disposez-vous pour faire évoluer votre situation?

☆ ....

....

....

☆ ....

....

....

☆ ....

....

....

☆ ....

....

....

....

Vous et votre bien-être

En mai, les autres vous apportent énergie, volonté, détermination et extraversion. À leur contact, vous vous sentez requinqué et galvanisé. Pour certains natifs, vos proches et votre environnement vous incitent à vous dépasser et à puiser au fond de vous les ressources nécessaires pour avancer dans vos projets.

Vos points forts
Une belle réactivité, une facilité à croquer la vie à pleines dents.

Vos points faibles du mois
Une tendance à surestimer vos forces.

Vos objectifs bien-être de mai

☆ ....

....

....

☆ ....

....

....

☆ ....

....

....

☆ ....

....

....

☆ ....

....

À vous de jouer !

Listez les atouts offerts par les astres

☆ ....

....

....

☆ ....

....

....

☆ ....

....

....

☆ ....

....

....

Listez les actions possibles

☆ ....

....

....

☆ ....

....

....

☆ ....

....

....

☆ ....

....

....

☆ ....

....

....

....

Les plus de votre ascendant

Balance – Bélier: vous ne tenez pas en place et vous avez besoin d'action. Pas question pour vous de rester les bras croisés.

Balance – Taureau: jolie période qui vous trouve épanoui, vif, adaptable et en pleine possession de vos moyens. Si on vous propose une augmentation, acceptez.

Balance – Gémeaux: attention à ce que votre vie sociale ne prenne pas le dessus sur tous les autres secteurs de votre vie. Pensez à prendre du temps pour vous et essayez de vous reposer.

Balance – Cancer: vos amis sont là pour vous. Leurs conseils et leur aide vous sont d'un bon secours. Pour d'autres, vous trouverez des associés qui seront à la hauteur de vos espérances.

Balance – Lion: votre rythme reste intense. Vous devez faire face à de nombreuses obligations. Assumez-les sans vous plaindre. Quel que soit le domaine, prenez vos responsabilités.

Balance – Vierge: si vous avez envie d'élargir vos horizons, d'accéder à d'autres possibilités ou si vous cherchez à sortir des sentiers battus, c'est le moment.

Balance – Balance: si vous avez envie de reconquérir votre partenaire ou si vous convoitez quelqu'un, mai est la période parfaite pour montrer vos sentiments.

Balance – Scorpion: encore un mois où votre vie amoureuse est mise au premier plan. Rapprochez-vous de votre moitié, allez à la rencontre de l'amour, lancez-vous dans une nouvelle relation ou prenez les décisions qui s'imposent.

Balance – Sagittaire: mettez en place un nouveau projet, démarrez votre entreprise, donnez plus de place à la fantaisie et à la passion dans votre vie générale ou amoureuse.

Balance – Capricorne: la fatigue s'ancre ou vous gagne. Profitez de cette période printanière pour faire une pause ou pour changer de rythme.

Balance – Verseau: certains pourraient voir leur équilibre ou leurs repères vaciller. Mai rime avec remises en question, tensions, ras-le-bol et nombreux imprévus.

Balance – Poissons: essayez de voir vos amis plus régulièrement. Dites oui aux invitations et aux sorties que ces derniers vous proposent. Ouvrez-vous à d'autres relations. Mai est positif à toutes sortes de démarches.

juin

Carte du ciel du mois

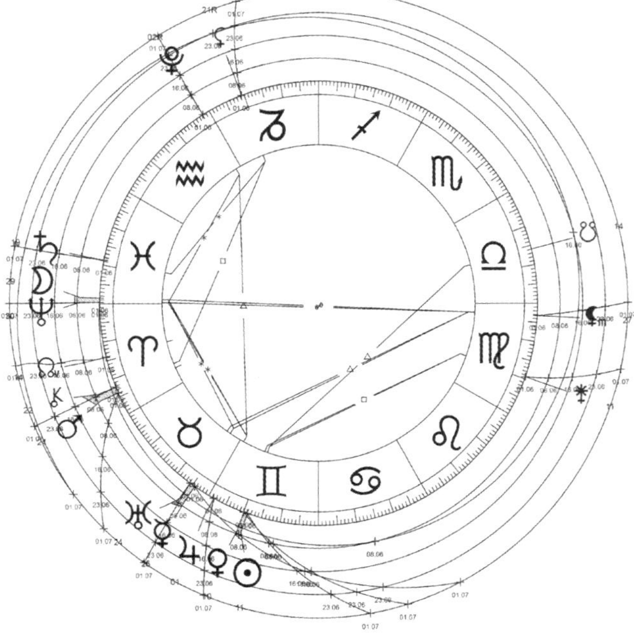

Éphémérides planétaires

Mercure passe en **Gémeaux** - Lu.3.Juin.2024 - 7h37
Mars passe en **Taureau** - Di.9.Juin.2024 - 4h35
Vénus passe en **Cancer** - Lu.17.Juin.2024 - 6h20
Mercure passe en **Cancer** - Lu.17.Juin.2024 - 9h07
Le **Soleil** passe en **Cancer** - Je.20.Juin.2024 - 20h51
La **Lune noire moyenne** passe en **Balance** - Sa.29.Juin.2024 - 19h00
Saturne rétrograde en **Poissons** (19°26) - Sa.29.Juin.2024 - 19h19

Nouvelle Lune en **Gémeaux** (16°18) - 6.Juin.2024 - 12h39
Pleine Lune en **Capricorne** (1°07) - 22.Juin.2024 - 1h09

Les aspects planétaires du mois

⚵	10° 41'	♍	□	♀	10° 41' ♊		Sa 01.Jun.2024 13h 01
⚸m	26° 52'	♍	△	☿	26° 52' ♉		Sa 01.Jun.2024 16h 51
♇	01° 53'	♒	△	♃	01° 53' ♊		Lu 03.Jun.2024 00h 12
♆	29° 42'	♓	✶	☿	29° 42' ♉		Lu 03.Jun.2024 03h 57
♇	01° 52'	♒	△	☿	01° 52' ♊		Ma 04.Jun.2024 06h 12
♃	02° 13'	♊	☌	☿			Ma 04.Jun.2024 10h 23
♀	14° 30'	♊	☌	☉			Ma 04.Jun.2024 15h 34
⚸m	27° 18'	♍	⚻	♂	27° 18' ♈		Me 05.Jun.2024 13h 38
♄	19° 03'	♓	□	♀	19° 03' ♊		Sa 08.Jun.2024 08h 25
⚳	19° 43'	♑	⚻	♀	19° 43' ♊		Sa 08.Jun.2024 21h 24
⚵	12° 19'	♍	□	☿	12° 19' ♊		Di 09.Jun.2024 06h 52
♄	19° 05'	♓	□	☉	19° 05' ♊		Di 09.Jun.2024 10h 36
⚳	19° 34'	♑	⚻	☉	19° 34' ♊		Di 09.Jun.2024 22h 28
⚷	22° 40'	♈	✶	♀	22° 40' ♊		Ma 11.Jun.2024 07h 11
♇	01° 45'	♒	□	♂	01° 45' ♉		Ma 11.Jun.2024 13h 21
⚳	19° 11'	♑	✶	♄	19° 11' ♓		Me 12.Jun.2024 09h 06
♄	19° 11'	♓	□	☿	19° 11' ♊		Me 12.Jun.2024 10h 47
⚷	22° 45'	♈	✶	☉	22° 45' ♊		Je 13.Jun.2024 06h 23
⚷	22° 46'	♈	✶	☿	22° 46' ♊		Ve 14.Jun.2024 02h 01
☿	24° 06'	♊	☌	☉			Ve 14.Jun.2024 16h 33
⚸m	28° 28'	♍	□	♀	28° 28' ♊		Di 16.Jun.2024 00h 21
⚸m	28° 33'	♍	□	☿	28° 33' ♊		Di 16.Jun.2024 17h 06
♆	29° 52'	♓	□	♀	29° 52' ♊		Lu 17.Jun.2024 03h 46
♆	29° 52'	♓	□	☿	29° 52' ♊		Lu 17.Jun.2024 07h 41
♀	00° 20'	♋	☌	☿			Lu 17.Jun.2024 12h 43
♇	01° 38'	♒	⚻	☿	01° 38' ♋		Ma 18.Jun.2024 03h 13
♇	01° 38'	♒	⚻	♀	01° 38' ♋		Ma 18.Jun.2024 14h 12
⚸m	28° 52'	♍	□	☉	28° 52' ♊		Me 19.Jun.2024 16h 32
♆	29° 54'	♓	□	☉	29° 54' ♊		Je 20.Jun.2024 18h 12
♂	09° 12'	♉	✶	☿	09° 12' ♋		Ve 21.Jun.2024 16h 23
♇	01° 33'	♒	⚻	☉	01° 33' ♋		Sa 22.Jun.2024 12h 01
⚵	16° 11'	♍	✶	☿	16° 11' ♋		Ma 25.Jun.2024 02h 25
⚳	16° 44'	♑	☍	☿	16° 44' ♋		Ma 25.Jun.2024 09h 11
⚵	16° 31'	♍	△	⚳	16° 31' ♑		Me 26.Jun.2024 09h 39
♄	19° 25'	♓	△	☿	19° 25' ♋		Me 26.Jun.2024 18h 10
⚷	23° 12'	♈	□	☿	23° 12' ♋		Ve 28.Jun.2024 17h 58
⚸m	29° 56'	♍	☍	♆	29° 56' ♓		Sa 29.Jun.2024 03h 42
♂	14° 40'	♉	✶	♀	14° 40' ♋		Sa 29.Jun.2024 04h 49
⚳	15° 44'	♑	☍	♀	15° 44' ♋		Di 30.Jun.2024 01h 44
♅	25° 41'	♉	✶	☿	25° 41' ♋		Di 30.Jun.2024 02h 20
⚳	15° 38'	♑	△	♂	15° 38' ♉		Di 30.Jun.2024 13h 02

Coup de projecteur sur les astres du mois

Du 3 au 17, **Mercure** vient prêter main-forte à **Jupiter**, au **Soleil** et à **Vénus**. Conséquence, toutes vos actions et vos entreprises sont facilitées et favorisées. C'est le moment de bouger et d'aller de l'avant. N'ayez pas peur de sortir de votre zone de confort. Confrontez-vous à de nouvelles réalités. Développez de nouvelles stratégies qui vous permettront de faire évoluer certains de vos projets. Quoi que vous viviez, quoi que vous fassiez, frappez aux portes. Faites preuve d'audace et d'esprit d'initiative.

Après le 20, prenez du recul. Appuyez sur pause et évitez de vous faire remarquer. Avancez en sous-marin.

Le 29, la **Lune noire moyenne** s'installe dans votre signe. La période qui s'ouvre sera propice à une sorte d'introspection ou de bilan personnel.

Vous et votre travail

Les deux premières semaines de mai vous permettent de vous libérer de certaines contraintes et de gagner en liberté. Pour certains d'entre vous, cette période vous donne l'occasion d'explorer de nouveaux horizons ou d'expérimenter d'autres modes de fonctionnement. Passé le 20, le climat devient plus calme. L'heure n'est plus à l'action mais à la contemplation ou à l'analyse. Pour bien vivre ce mois, respectez le tempo de ce dernier.

En quête d'un emploi

Si vous voulez accomplir certaines actions, misez sur les quinze premiers jours du mois. Rassemblez vos forces et foncez. Allez au-devant des opportunités. Créez votre chance. Reprenez en main votre situation. Bousculez vos habitudes. Après le 20, les astres vous offrent moins d'occasions d'évoluer ou de marquer des points.

En mode retraite

C'est un mois divisé en deux parties. Si dans un premier temps, vous « cédez » à toutes les sorties et les invitations que l'on vous propose, durant la seconde partie du mois, vous êtes plus casanier et solitaire. Pour certains natifs, l'occasion se prête parfaitement à une mise au vert ou à quelques jours de vacances.

Vos points forts
Une grande curiosité,
un beau dynamisme.

Vos points faibles
Une tendance à courir
plusieurs lièvres à la fois.

Fixez vos objectifs professionnels du mois

☆ ……………………………………………………………………………………

……………………………………………………………………………………

……………………………………………………………………………………

☆ ……………………………………………………………………………………

……………………………………………………………………………………

……………………………………………………………………………………

☆ ……………………………………………………………………………………

……………………………………………………………………………………

……………………………………………………………………………………

☆ ……………………………………………………………………………………

……………………………………………………………………………………

……………………………………………………………………………………

☆ ……………………………………………………………………………………

……………………………………………………………………………………

Vos moyens pour y parvenir

☆ ……………………………………………………………………………………

……………………………………………………………………………………

……………………………………………………………………………………

☆ ……………………………………………………………………………………

……………………………………………………………………………………

……………………………………………………………………………………

☆ ……………………………………………………………………………………

……………………………………………………………………………………

……………………………………………………………………………………

☆ ……………………………………………………………………………………

……………………………………………………………………………………

……………………………………………………………………………………

☆ ……………………………………………………………………………………

……………………………………………………………………………………

Vous et vos amours

À deux

C'est l'occasion rêvée de vous échapper en amoureux et de prendre du temps ensemble. Privilégiez les week-ends, les soirées et les vacances romantiques. Donnez-vous les moyens de vous rapprocher et de goûter à la fantaisie. Montrez-vous plus créatif et inventif. Réinventez votre couple. Donnez-lui une nouvelle dimension.

Couple en crise

C'est le moment d'accepter la réalité de votre situation. Faites un break afin de faire le point sur vos aspirations et sur votre vie conjugale. Prenez de la distance et ne rentrez pas dans le conflit. Pour certains, juin est un moment clé qui pourrait bien vous voir faire une nouvelle rencontre. Des choix doivent être faits et des décisions prises.

Célibataire

Si vous avez envie de vous amuser et de prendre la vie comme elle vient, les astres vous en donnent les moyens. Les flirts et les aventures peuvent ensoleiller ce joli mois de juin. Si l'amour ne s'est pas frayé un chemin dans votre vie les mois derniers, restez réceptif car il se pourrait bien que ce soit le cas en mai.

Vos points forts

Une facilité à exprimer vos sentiments.

Vos points faibles

Un trop grand désir de plaire.

Faites le point sur votre vie amoureuse

Quelles sont vos envies du moment?

Où en êtes-vous dans votre relation?

☆ ....

....

....

☆ ....

....

....

☆ ....

....

....

☆ ....

....

....

☆ ....

....

De quels moyens disposez-vous pour faire évoluer votre situation?

☆ ....

....

....

☆ ....

....

....

☆ ....

....

....

☆ ....

....

....

....

Vous et votre bien-être

Positif, ouvert et communicatif, vous êtes en total accord avec vous-même. Bien dans votre peau, vous débordez de charme et vous rayonnez. C'est un excellent mois pour reprendre le sport ou pour reprendre en main votre hygiène de vie.

Vos points forts

Une plus grande confiance en vous et une meilleure appréciation de votre corps.

Vos points faibles du mois

Une tendance à faire preuve de superficialité.

Vos objectifs bien-être de juin

☆ ....

....

....

☆ ....

....

....

☆ ....

....

....

☆ ....

....

....

☆ ....

....

....

À vous de jouer !

Listez les atouts offerts par les astres

- ✩ ……………………………………………………………………………………
……………………………………………………………………………………
……………………………………………………………………………………
- ✩ ……………………………………………………………………………………
……………………………………………………………………………………
……………………………………………………………………………………
- ✩ ……………………………………………………………………………………
……………………………………………………………………………………
……………………………………………………………………………………
- ✩ ……………………………………………………………………………………
……………………………………………………………………………………
……………………………………………………………………………………
- ✩ ……………………………………………………………………………………
……………………………………………………………………………………
……………………………………………………………………………………

Listez les actions possibles

- ✩ ……………………………………………………………………………………
……………………………………………………………………………………
……………………………………………………………………………………
- ✩ ……………………………………………………………………………………
……………………………………………………………………………………
……………………………………………………………………………………
- ✩ ……………………………………………………………………………………
……………………………………………………………………………………
……………………………………………………………………………………
- ✩ ……………………………………………………………………………………
……………………………………………………………………………………
……………………………………………………………………………………

Les plus de votre ascendant

Balance – Bélier: multipliez les occasions de faire des rencontres. Montrez-vous spontané et allez vers les autres avec naturel.

Balance – Taureau: plus déterminé et plus combatif, vous ne manquerez pas une occasion de défendre vos intérêts. Dynamique et volontaire, rien ne peut vous arrêter.

Balance – Gémeaux: tout vous sourit. Votre situation professionnelle évolue. Vos amours sont source d'épanouissement. Vos projets se concrétisent. La joie et la bonne humeur sont au rendez-vous.

Balance – Cancer: c'est le moment de faire profil bas ou d'appuyer sur pause. Vous rêviez de vacances et de farniente, juin vous accorde ce plaisir.

Balance – Lion: pas question de relâcher vos efforts ou de baisser les bras. Vous devez vous donner à cent pour cent dans vos différents projets.

Balance – Vierge: même si vous êtes amené à vivre de bons moments, il se peut que vous vous sentiez acculé ou prisonnier d'une situation.

Balance – Balance: tout vous amène à bouger, à entreprendre, à repousser vos limites et à sortir de votre zone de confort.

Balance – Scorpion: à deux, laissez votre partenaire devenir le moteur de votre relation. Célibataire, vous avez flashé sur quelqu'un ? Tentez votre chance. Séduisez-le.

Balance – Sagittaire: votre vie sociale tout comme votre vie amoureuse vous donnent satisfaction et contribuent à votre épanouissement.

Balance – Capricorne: vous vous lancez dans une nouvelle action ou un projet, les astres vous facilitent la tâche. Vous débutez une nouvelle relation, la passion est au rendez-vous. Profitez, c'est cadeau.

Balance – Verseau: très belle période pour saisir les opportunités qui se présentent à vous. Sachez saisir votre chance, quel que soit le domaine. Ouvrez-vous à la nouveauté.

Balance – Poissons: attendez-vous à devoir faire face à de nombreuses interrogations et questionnements personnels. Juin rime avec remises en question, désir d'autre chose et ras-le-bol.

juillet

Carte du ciel du mois

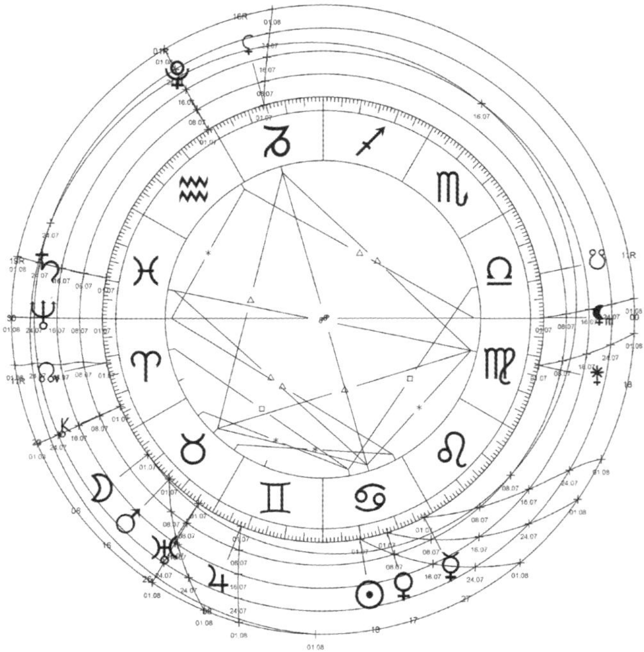

Éphémérides planétaires

Neptune rétrograde en **Poissons** (29°56) - Ma.2.Juil.2024 - 10h03
Mercure passe en **Lion** - Ma.2.Juil.2024 - 12h50
Vénus passe en **Lion** - Je.11.Juil.2024 - 16h19
Mars passe en **Gémeaux** - Sa.20.Juil.2024 - 20h43
Le **Soleil** passe en **Lion** - Lu.22.Juil.2024 - 7h44
Mercure passe en **Vierge** - Je.25.Juil.2024 - 22h42
Chiron devient **rétrograde** en **Bélier** (23°32) - Ve.26.Juil.2024 - 13h26

Nouvelle Lune en **Cancer** (14°23) - 5.Juil.2024 - 22h59
Pleine Lune en **Capricorne** (29°09) - 21.Juil.2024 - 10h18

Les aspects planétaires du mois

⚵	18° 02'	♍	⚹	♀	18° 02'	♋	Lu 01.Jul.2024 22h 36
♆	29° 56'	♓	△	☿	29° 56'	♋	Ma 02.Jul.2024 11h 53
⚸m	00° 20'	♎	⚹	☿	00° 20'	♌	Ma 02.Jul.2024 17h 23
♄	19° 25'	♓	△	♀	19° 25'	♋	Me 03.Jul.2024 01h 41
♇	01° 20'	♒	☍	☿	01° 20'	♌	Me 03.Jul.2024 07h 27
⚵	18° 56'	♍	△	♂	18° 56'	♉	Ve 05.Jul.2024 03h 27
♄	19° 24'	♓	⚹	♂	19° 24'	♉	Ve 05.Jul.2024 19h 02
⚳	14° 26'	♑	☍	☉	14° 26'	♋	Sa 06.Jul.2024 00h 03
⚷	23° 21'	♈	□	♀	23° 21'	♋	Sa 06.Jul.2024 06h 32
⚵	19° 23'	♍	☍	♄	19° 23'	♓	Sa 06.Jul.2024 17h 30
♅	26° 03'	♉	⚹	♀	26° 03'	♋	Lu 08.Jul.2024 11h 04
♃	09° 50'	♊	⚹	☿	09° 50'	♌	Lu 08.Jul.2024 14h 26
⚸m	01° 10'	♎	△	♇	01° 10'	♒	Me 10.Jul.2024 07h 36
⚳	13° 20'	♑	⚻	☿	13° 20'	♌	Me 10.Jul.2024 23h 38
♄	19° 19'	♓	△	☉	19° 19'	♋	Je 11.Jul.2024 03h 05
♆	29° 55'	♓	△	♀	29° 55'	♋	Je 11.Jul.2024 14h 32
♇	01° 07'	♒	☍	♀	01° 07'	♌	Ve 12.Jul.2024 14h 12
⚸m	01° 27'	♎	⚹	♀	01° 27'	♌	Ve 12.Jul.2024 20h 46
⚵	21° 17'	♍	⚹	☉	21° 17'	♋	Sa 13.Jul.2024 04h 23
♄	19° 14'	♓	⚻	☿	19° 14'	♌	Lu 15.Jul.2024 08h 57
⚷	23° 29'	♈	□	☉	23° 29'	♋	Lu 15.Jul.2024 11h 43
♅	26° 19'	♉	☌	♂			Lu 15.Jul.2024 14h 05
⚳	11° 48'	♑	⚻	♃	11° 48'	♊	Je 18.Jul.2024 06h 18
♅	26° 26'	♉	⚹	☉	26° 26'	♋	Je 18.Jul.2024 14h 00
⚷	23° 31'	♈	△	☿	23° 31'	♌	Je 18.Jul.2024 23h 56
⚵	23° 31'	♍	⚻	⚷	23° 31'	♈	Sa 20.Jul.2024 12h 51
♆	29° 51'	♓	⚹	♂	29° 51'	♉	Sa 20.Jul.2024 15h 17
⚳	11° 18'	♑	⚻	♀	11° 18'	♌	Sa 20.Jul.2024 20h 53
♃	12° 31'	♊	⚹	♀	12° 31'	♌	Di 21.Jul.2024 20h 43
♅	26° 33'	♉	□	☿	26° 33'	♌	Di 21.Jul.2024 22h 21
♆	29° 50'	♓	△	☉	29° 50'	♋	Lu 22.Jul.2024 03h 25
♇	00° 54'	♒	△	♂	00° 54'	♊	Lu 22.Jul.2024 03h 47
♇	00° 52'	♒	☍	☉	00° 52'	♌	Ma 23.Jul.2024 05h 38
⚸m	02° 48'	♎	△	♂	02° 48'	♊	Me 24.Jul.2024 22h 08
⚸m	02° 51'	♎	⚹	☉	02° 51'	♌	Je 25.Jul.2024 07h 11
♆	29° 47'	♓	⚻	☿	29° 47'	♌	Je 25.Jul.2024 16h 00
♂	03° 37'	♊	⚹	☉	03° 37'	♌	Ve 26.Jul.2024 02h 32
♄	18° 50'	♓	⚻	♀	18° 50'	♌	Sa 27.Jul.2024 00h 07
♇	00° 47'	♒	⚻	☿	00° 47'	♍	Sa 27.Jul.2024 00h 49
⚷	23° 32'	♈	△	♀	23° 32'	♌	Ma 30.Jul.2024 19h 54
⚵	26° 49'	♍	△	♅	26° 49'	♉	Ma 30.Jul.2024 23h 13

Coup de projecteur sur les astres du mois

À partir du 2, **Mercure** vous fait les yeux doux, puis ce sera au tour de **Vénus** (le 11), votre planète personnelle, de vous « porter ». Entre les échanges, les témoignages d'affection, les moments de « grâce », vous ne pouvez faire autrement que de vous épanouir. L'été s'annonce parfait pour parvenir à l'équilibre et trouver votre place en société comme dans votre couple.

À partir du 20, **Mars** joint ses « énergies » à celles de **Mercure** et de **Vénus**. Cela peut marquer le début d'une belle histoire d'amour pour les célibataires du signe, d'un nouveau regard sur la vie pour les autres natifs du signe, d'un désir d'évasion ou de découverte.

Le 23, c'est le **Soleil** qui vient booster vos énergies. Avec toutes ces influences célestes, vous devriez passer un très bon mois de juillet.

Vous et votre travail

Vous avez envie de renouveler votre activité ? Lancez-vous dans un nouveau projet. Relevez de nouveaux défis. Préparez le terrain pour une entreprise qui verra le jour à la rentrée. Pour d'autres natifs, juillet peut être le moment de modifier certains aspects de votre travail à moins que ce ne soit la période parfaite pour partir en vacances. Pour certains natifs, vous allez avoir l'occasion de recouvrer l'amour de votre métier.

En quête d'un emploi

Profitez de cette période pour relancer certaines sociétés. Répondez à des annonces qui correspondent à votre recherche. Sollicitez l'aide de personnes susceptibles de vous ouvrir des portes. Élargissez votre secteur de démarche. Voyez plus grand.

En mode retraite

Joli mois qui vous voit énormément bouger ou qui vous amène à rompre avec vos habitudes du moment. Pour certains, les vacances sont arrivées, c'est le bon *timing* pour profiter de la vie et vaquer en douceur à toutes vos occupations.

Vos points forts

Une belle capacité de travail.

Vos points faibles

Un trop grand désir de bien faire.

Fixez vos objectifs professionnels du mois

☆ ....
....
....
☆ ....
....
....
☆ ....
....
....
☆ ....
....
....
☆ ....
....

Vos moyens pour y parvenir

☆ ....
....
....
☆ ....
....
....
☆ ....
....
....
☆ ....
....
....
☆ ....
....

Vous et vos amours

À deux

Juillet vous donne la possibilité de vous échapper de votre réalité, surtout si vous partez en vacances. Au programme de ce mois, évasion, romantisme, douceur, partage et bonne humeur vous permettent d'atteindre l'équilibre que vous recherchez. Bien auprès de votre moitié, vous passez d'excellents moments. Savourez-les sans demander votre reste.

Couple en crise

Encore un mois où les astres vous offrent une occasion de tout arranger. Saurez-vous saisir cette opportunité ou passerez-vous à côté ? Quelle que soit votre situation, donnez-vous les moyens de trouver des solutions à vos problèmes. Retrouvez-vous lors de vacances empreintes de douceur et de fantaisie, vous n'aurez plus beaucoup de possibilités de le faire dans les mois qui arrivent.

Célibataire

Laissez-vous porter par la chaleur ainsi que la douceur de l'été. Juillet est propice aux aventures sans lendemain ou à une rencontre baignée de soleil au goût de vacances.

Vos points forts

Une sensualité à toute épreuve.

Vos points faibles

Une difficulté à vous fixer
ou à faire un choix.

Faites le point sur votre vie amoureuse

Quelles sont vos envies du moment?

Où en êtes-vous dans votre relation?

☆ ....

....

....

☆ ....

....

....

☆ ....

....

....

☆ ....

....

....

☆ ....

....

De quels moyens disposez-vous pour faire évoluer votre situation?

☆ ....

....

....

☆ ....

....

....

☆ ....

....

....

☆ ....

....

....

....

Vous et votre bien-être

Quel joli moment pour prendre soin de vous et vivre au rythme de l'été. Pas question de vous stresser ou de céder à la morosité. Tout vous invite à croquer la vie à pleines dents. Privilégiez la douceur et la bonne humeur, et ce, quelle que soit votre situation.

Vos points forts
Une meilleure écoute de votre corps
et de ses besoins.

Vos points faibles du mois
Une tendance à l'hyperactivité.

Vos objectifs bien-être de juillet

☆ ....

....

....

☆ ....

....

....

☆ ....

....

....

☆ ....

....

....

☆ ....

....

....

À vous de jouer !

Listez les atouts offerts par les astres

☆ ....
....
....
☆ ....
....
....
☆ ....
....
....
☆ ....
....
....
☆ ....
....
....

Listez les actions possibles

☆ ....
....
....
☆ ....
....
....
☆ ....
....
....
☆ ....
....
....

Les plus de votre ascendant

Balance – Bélier: profitez de chaque instant pour vous rapprocher des personnes que vous aimez. Que vous soyez seul ou en couple, misez sur le partage et l'amour.

Balance – Taureau: c'est un mois parfait pour vous lancer dans une entreprise audacieuse ou pour démarrer un nouveau cycle.

Balance – Gémeaux: épanoui, vous êtes bien dans votre vie et votre tête. Rayonnant, vous ne laissez personne indifférent. Votre compagnie est appréciée et recherchée.

Balance – Cancer: laissez parler votre cœur. Suivez vos aspirations et vos envies. Croquez la vie à pleines dents et cultivez l'harmonie ainsi que la douceur.

Balance – Lion: jolie période propice à la bonne humeur, aux rencontres en tout genre ainsi qu'à l'épanouissement personnel ou amoureux.

Balance – Vierge: face aux tensions ressenties au quotidien ou dans votre activité, tout vous pousse à prendre du recul, à vous mettre au vert et à vous ressourcer.

Balance – Balance: c'est auprès de vos amis que vous parviendrez à faire le plein d'énergie et de bonne humeur.

Balance – Scorpion: vous aviez besoin de donner une nouvelle dynamique à votre vie, votre activité ou votre vie sentimentale, les astres vous en donnent la possibilité. À vous de jouer.

Balance – Sagittaire: de beaux moments d'épanouissement s'offrent à vous. Savourez-les. Sachez les apprécier à leur juste valeur.

Balance – Capricorne: à deux, toutes les conditions sont réunies pour vous retrouver et parvenir à une plus grande compréhension de l'autre. Seul, usez de vos charmes.

Balance – Verseau: ce mois d'été est parfait pour consolider les liens qui vous unissent à votre moitié. Célibataire, acceptez de rencontrer de nouvelles personnes.

Balance – Poissons: tout vous oblige à travailler sur vous et sur votre confiance. Ne soyez ni dans le trop ni dans le pas assez. Trouvez le juste milieu.

août

Carte du ciel du mois

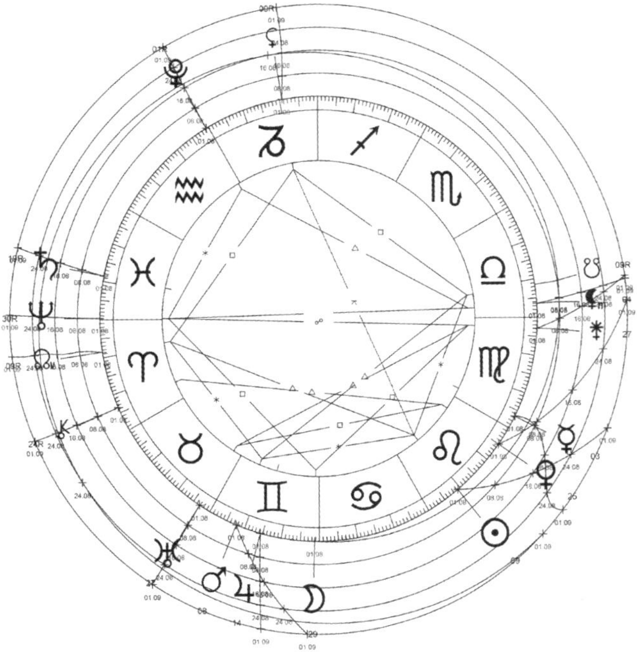

Éphémérides planétaires

Vénus passe en **Vierge** - Lu.5.Aoû.2024 - 2h23
Mercure rétrograde en **Vierge** (4°06) - Lu.5.Aoû.2024 - 4h56
Junon passe en **Balance** - Ve.9.Aoû.2024 - 16h37
Mercure rétrograde revient en **Lion** - Je.15.Aoû.2024 - 0h15
Le **Soleil** passe en **Vierge** - Je.22.Aoû.2024 - 14h55
Cérès redevient **direct** en **Capricorne** (7°29) - Lu.26.Aoû.2024 - 7h39
Mercure redevient **directe** en **Lion** (21°25) - Me.28.Aoû.2024 - 21h14
Vénus passe en **Balance** - Je.29.Aoû.2024 - 13h23

Nouvelle Lune en **Lion** (2°34) - 4.Aoû.2024 - 11h14
Pleine Lune en **Verseau** (27°15) - 19.Aoû.2024 - 18h27

Les aspects planétaires du mois

⚳	09° 22'	♑	⚻	☉	09° 22'	♌	Je 01.Aou.2024 02h 57
♅	26° 53'	♉	□	♀	26° 53'	♌	Ve 02.Aou.2024 13h 27
⚳	09° 05'	♑	⚻	♂	09° 05'	♊	Sa 03.Aou.2024 03h 51
♆	29° 39'	♓	⚻	♀	29° 39'	♌	Di 04.Aou.2024 19h 24
♇	00° 34'	♒	⚻	♀	00° 34'	♍	Lu 05.Aou.2024 13h 17
♃	15° 32'	♊	⚹	☉	15° 32'	♌	Me 07.Aou.2024 13h 37
♀	03° 44'	♍	☌	☿			Je 08.Aou.2024 03h 12
⚵	29° 35'	♍	☍	♆	29° 35'	♓	Je 08.Aou.2024 10h 10
♄	18° 05'	♓	⚻	☉	18° 05'	♌	Sa 10.Aou.2024 05h 26
⚵	00° 26'	♎	△	♇	00° 26'	♒	Di 11.Aou.2024 00h 01
⚳	08° 07'	♑	△	♀	08° 07'	♍	Di 11.Aou.2024 17h 11
♇	00° 21'	♒	⚻	☿	00° 21'	♍	Me 14.Aou.2024 13h 03
♃	16° 40'	♊	☌	♂			Me 14.Aou.2024 15h 22
⚷	23° 21'	♈	△	☉	23° 21'	♌	Je 15.Aou.2024 17h 12
♆	29° 26'	♓	⚻	☿	29° 26'	♌	Je 15.Aou.2024 17h 19
♄	17° 42'	♓	□	♂	17° 42'	♊	Ve 16.Aou.2024 05h 30
♅	27° 10'	♉	□	☿	27° 10'	♌	Di 18.Aou.2024 09h 47
☿	26° 36'	♌	☌	☉			Lu 19.Aou.2024 01h 58
♃	17° 22'	♊	□	♀	17° 22'	♍	Lu 19.Aou.2024 05h 53
♄	17° 30'	♓	☍	♀	17° 30'	♍	Lu 19.Aou.2024 08h 30
♅	27° 11'	♉	□	☉	27° 11'	♌	Lu 19.Aou.2024 16h 46
♄	17° 27'	♓	□	♃	17° 27'	♊	Lu 19.Aou.2024 21h 46
♆	29° 18'	♓	⚻	☉	29° 18'	♌	Me 21.Aou.2024 21h 29
♇	00° 11'	♒	⚻	☉	00° 11'	♍	Je 22.Aou.2024 19h 34
♂	22° 08'	♊	□	♀	22° 08'	♍	Ve 23.Aou.2024 03h 21
⚷	23° 12'	♈	△	☿	23° 12'	♌	Ve 23.Aou.2024 12h 22
⚷	23° 11'	♈	⚻	♀	23° 11'	♍	Ve 23.Aou.2024 23h 56
♂	22° 48'	♊	⚹	☿	22° 48'	♌	Sa 24.Aou.2024 04h 31
⚷	23° 10'	♈	⚹	♂	23° 10'	♊	Sa 24.Aou.2024 18h 32
♅	27° 15'	♉	△	♀	27° 15'	♍	Ma 27.Aou.2024 07h 24
♆	29° 08'	♓	☍	♀	29° 08'	♍	Me 28.Aou.2024 20h 24
♇	00° 04'	♒	△	♀	00° 04'	♎	Je 29.Aou.2024 14h 32
⚵	06° 47'	♎	☌	⚸m			Je 29.Aou.2024 15h 18
⚳	07° 32'	♑	△	☉	07° 32'	♍	Ve 30.Aou.2024 10h 24
⚵	07° 35'	♎	□	⚳	07° 35'	♑	Sa 31.Aou.2024 22h 53

Coup de projecteur sur les astres du mois

Le 9, et ce pour plusieurs semaines, **Junon**, votre seconde planète maîtresse, passe dans votre signe. Tout va vous amener à plus de diplomatie et d'écoute. Certains d'entre vous pourraient même se préparer à franchir un cap important de leur vie sentimentale, familiale ou professionnelle. Les nouveaux projets sont à l'honneur et cela contribue à votre épanouissement.

Avec **Vénus** et le **Soleil** à l'ombre de votre signe, il est temps d'appuyer sur pause, surtout si vous n'avez pas pris de vacances. Les dissonances entre **Jupiter**, **Saturne**, **Vénus** et le **Soleil** vous incitent à vous tenir à distance de votre quotidien ou de vos responsabilités. N'ayez pas peur de décrocher le temps d'une ou plusieurs semaines. Pensez à vous. Éteignez votre portable professionnel et recentrez-vous sur vous. Mettez de côté vos problèmes et évadez-vous.

À partir du 29, **Vénus**, votre planète, pose ses valises chez vous et vient confirmer les influx de **Junon**. Cultivez la joie de vivre. Parlez d'amour.

Vous et votre travail

Ce n'est pas le meilleur mois pour avancer dans vos projets ou pour établir des contacts. Plus que jamais, vous devez aller à l'essentiel, vous concentrer sur ce qui est essentiel, boucler certains de vos projets pour vous en libérer. Quoi que vous fassiez, votre rythme de travail ralentit et ce n'est pas vous qui allez vous en plaindre.

En quête d'un emploi

Plein d'espoir, vous avez des idées et de l'énergie à revendre. Désireux que votre situation bouge, vous ne ménagez pas vos efforts. Malgré les vacances, vous cherchez à prendre de nombreux contacts. La période n'aidant pas, ne soyez pas surpris si vos actions n'évoluent pas comme vous le souhaitez. Prenez patience et ne cherchez pas à passer en force.

En mode retraite

Vous avez envie de nouveauté et d'évasion. Ainsi, êtes-vous le premier à organiser des sorties ou à accepter un voyage de dernière minute. Tout vous amène à changer d'air et à vous libérer de certaines contraintes du quotidien. C'est une excellente période pour faire le plein d'énergie et de bonne humeur.

Vos points forts

Un bel esprit d'entreprise allié à un désir de mouvement.

Vos points faibles

Une forme d'hyperactivité.

Fixez vos objectifs professionnels du mois

☆ ....

....

....

☆ ....

....

....

☆ ....

....

....

☆ ....

....

....

☆ ....

....

Vos moyens pour y parvenir

☆ ....

....

....

☆ ....

....

....

☆ ....

....

....

☆ ....

....

....

☆ ....

....

Vous et vos amours

À deux

Plus que jamais, vous aspirerez à plus de complicité, de partage et de douceur. Pour les plus romantiques, vous multipliez les occasions d'étonner votre moitié ou vous attendez impatiemment que votre partenaire vous parle de ses sentiments. En quête de réconfort et d'affection, certains d'entre vous pourraient devenir extrêmement exigeants.

Couple en crise

Encore une période propice à la prise de distance. Profitez de ce mois de vacances pour vous éloigner de votre réalité. Ouvrez-vous à d'autres relations, d'autres influences en marquant une pause. Prenez le temps de réfléchir à votre existence ainsi qu'à votre place dans votre couple.

Célibataire

Si vous désirez faire une rencontre, vous allez devoir y mettre un peu du vôtre. Pour celles et ceux qui ont fait une rencontre en juillet, laissez-vous porter par ce nouveau sentiment, ne vous mettez aucune pression et vivez au jour le jour sans vous poser de questions.

Vos points forts

Un plus grand romantisme.

Vos points faibles

Une tendance à vous bercer d'illusions.

Faites le point sur votre vie amoureuse

Quelles sont vos envies du moment?

Où en êtes-vous dans votre relation?

☆ ....

....

....

☆ ....

....

....

☆ ....

....

....

☆ ....

....

....

☆ ....

....

De quels moyens disposez-vous pour faire évoluer votre situation?

☆ ....

....

....

☆ ....

....

....

☆ ....

....

....

☆ ....

....

....

....

Vous et votre bien-être

C'est en prenant du temps pour vous et en vous recentrant sur ce qui vous semble essentiel que vous réussirez à recharger vos batteries. Pour certains natifs, les astres vous obligent à revoir vos priorités ou à modifier vos habitudes le temps d'un été.

Vos points forts
Une grande endurance,
une volonté à toute épreuve.

Vos points faibles
Une légère tendance à l'hypocondrie.

Vos objectifs bien-être d'août

☆ ....

....

....

☆ ....

....

....

☆ ....

....

....

....

☆ ....

....

....

☆ ....

....

À vous de jouer !

Listez les atouts offerts par les astres

☆ ....
....
....
☆ ....
....
....
☆ ....
....
....
☆ ....
....
....
☆ ....
....
....

Listez les actions possibles

☆ ....
....
....
☆ ....
....
....
☆ ....
....
....
☆ ....
....
....

Les plus de votre ascendant

Balance – Bélier: les autres tiennent une place de choix et contribuent à votre bien-être. Acceptez les invitations ainsi que les sorties.

Balance – Taureau: joli mois qui vous voit passer de bons moments en compagnie des personnes que vous aimez.

Balance – Gémeaux: débordant d'énergie, vous ne tenez pas en place. Plus que jamais, vous avez besoin d'action.

Balance – Cancer: évadez-vous de votre quotidien. Partez en vacances avec votre amoureux(euse). Optez pour un voyage qui vous ressourcera.

Balance – Lion: que ce soit en famille, en couple, entre amis ou dans votre vie professionnelle, le mois est propice aux discussions.

Balance – Vierge: pour beaucoup, vos amours sont indispensables à votre épanouissement. En couple ou seul, laissez-vous porter par vos sentiments.

Balance – Balance: pour certains, c'est la lune de miel. Pour d'autres, août vous invite à mettre un peu plus de fantaisie et de gaîté dans votre quotidien.

Balance – Scorpion: mois mis sous le signe de l'amitié. Rapprochez-vous d'eux et faites le plein de joie de vivre.

Balance – Sagittaire: c'est auprès de vos amis, de vos proches et de votre moitié (pour les natifs en couple) que vous ferez le plein d'énergie.

Balance – Capricorne : si vous avez envie de consolider une connaissance, de vous ouvrir à d'autres horizons ou à d'autres sensibilités, c'est le moment. Foncez.

Balance – Verseau : beau mois d'été qui va vous permettre de vous adonner à de nouveaux loisirs ou de nouvelles activités. Faites-vous plaisir.

Balance – Poissons : amoureux(euse), vous vous sentez bien auprès de votre partenaire. La douceur et la complicité rythment votre relation. Célibataire, ne craignez pas d'user de votre charme.

septembre.

Carte du ciel du mois

Éphémérides planétaires

Uranus rétrograde en **Taureau** (27°15) - Di.1.Sep.2024 - 15h38
Pluton repasse en **Capricorne** - Lu.2.Sep.2024 - 0h02
Mars passe en **Cancer** - Me.4.Sep.2024 - 19h46
Mercure repasse en **Vierge** - Lu.9.Sep.2024 - 6h50
Le **Soleil** passe en **Balance** - Di.22.Sep.2024 - 12h43
Mercure passe en **Balance** - Je.26.Sep.2024 - 8h09

Nouvelle Lune en **Vierge** (11°04) - 3.Sep.2024 – 1h57
Pleine Lune en **Poissons** (25°41) - 18.Sep.2024 – 2h36

Les aspects planétaires du mois

⚷	22° 56' ♈	△	☿	22° 56' ♌	Lu 02.Sep.2024	13h 46
♆	29° 00' ♓	□	♂	29° 00' ♊	Ma 03.Sep.2024	04h 09
⚸	07° 27' ♎	☌	♀		Me 04.Sep.2024	15h 23
♇	29° 57' ♑	⚻	♂	29° 57' ♊	Me 04.Sep.2024	17h 59
⚳	07° 45' ♑	□	♀	07° 45' ♎	Me 04.Sep.2024	21h 27
⚵	09° 26' ♎	☌	♀		Ve 06.Sep.2024	06h 24
♅	27° 15' ♉	□	☿	27° 15' ♌	Sa 07.Sep.2024	04h 21
♄	16° 02' ♓	☍	☉	16° 02' ♍	Di 08.Sep.2024	04h 35
♆	28° 52' ♓	⚻	☿	28° 52' ♌	Di 08.Sep.2024	10h 52
♇	29° 53' ♑	⚻	☿	29° 53' ♌	Lu 09.Sep.2024	04h 55
♄	15° 47' ♓	⚻	♀	15° 47' ♎	Me 11.Sep.2024	10h 52
♂	04° 22' ♋	✶	☿	04° 22' ♍	Je 12.Sep.2024	03h 42
♃	20° 10' ♊	□	☉	20° 10' ♍	Je 12.Sep.2024	10h 53
⚸	08° 27' ♎	□	⚳	08° 27' ♑	Ve 13.Sep.2024	15h 50
⚳	08° 33' ♑	△	☿	08° 33' ♍	Sa 14.Sep.2024	15h 25
⚷	22° 30' ♈	⚻	☉	22° 30' ♍	Sa 14.Sep.2024	20h 22
♃	20° 24' ♊	△	♀	20° 24' ♎	Di 15.Sep.2024	05h 34
⚷	22° 25' ♈	☍	♀	22° 25' ♎	Lu 16.Sep.2024	21h 28
⚸	08° 51' ♎	□	⚳	08° 51' ♑	Ma 17.Sep.2024	04h 45
♄	15° 15' ♓	☍	☿	15° 15' ♍	Me 18.Sep.2024	08h 51
♅	27° 07' ♉	△	☉	27° 07' ♍	Je 19.Sep.2024	14h 05
⚸	09° 14' ♎	□	♂	09° 14' ♋	Ve 20.Sep.2024	15h 41
♅	27° 06' ♉	⚻	♀	27° 06' ♎	Ve 20.Sep.2024	17h 36
⚳	09° 19' ♑	☍	♂	09° 19' ♋	Ve 20.Sep.2024	19h 01
♆	28° 31' ♓	☍	☉	28° 31' ♍	Sa 21.Sep.2024	00h 17
♃	20° 48' ♊	□	☿	20° 48' ♍	Sa 21.Sep.2024	08h 50
♆	28° 29' ♓	⚻	♀	28° 29' ♎	Sa 21.Sep.2024	20h 53
⚵	14° 59' ♎	⚻	♄	14° 59' ♓	Di 22.Sep.2024	00h 00
⚷	22° 13' ♈	⚻	☿	22° 13' ♍	Di 22.Sep.2024	02h 58
♇	29° 44' ♑	△	☉	29° 44' ♍	Di 22.Sep.2024	06h 12
♇	29° 44' ♑	□	♀	29° 44' ♎	Di 22.Sep.2024	21h 15
♅	27° 02' ♉	△	☿	27° 02' ♍	Ma 24.Sep.2024	17h 27
♆	28° 24' ♓	☍	☿	28° 24' ♍	Me 25.Sep.2024	11h 07
♇	29° 42' ♑	△	☿	29° 42' ♍	Je 26.Sep.2024	04h 14
♄	14° 25' ♓	△	♂	14° 25' ♋	Lu 30.Sep.2024	04h 06
☿	08° 11' ♎	☌	☉		Lu 30.Sep.2024	21h 09

Coup de projecteur sur les astres du mois

Junon, la **Lune noire moyenne** ainsi que **Vénus** en bon aspect à **Jupiter** annoncent une demande en mariage, une signature de contrat, une nouvelle collaboration ou l'officialisation d'une relation récente. Quoi qu'il en soit, sous de tels aspects rien ne pourra rester dans « l'illégalité ».

Le 4, **Mars** en venant se « heurter » à votre signe vous signale une rentrée professionnelle des plus tendues ou des plus compliquées. Votre reprise risque d'être intense et particulièrement difficile à négocier. Attention à ne pas perdre le bénéfice que vous avez accumulé durant vos vacances.

Heureusement, le **Soleil**, le 22, puis **Mercure**, le 26, viennent à votre rescousse. Sous leur protection, vous parvenez à faire face à vos obligations et à reprendre petit à petit le fil de votre activité.

Vous et votre travail

Vous démarrez sur les chapeaux de roue. Pas question de prendre votre temps ou vos marques. Votre hiérarchie attend de vous que vous soyez opérationnel dès votre retour. Pour certains natifs, septembre rimera avec conflits, stress et parfois même épuisement. Plus que jamais, vous devrez faire preuve de tact pour désamorcer les tensions.

En quête d'un emploi

Vous mettez les bouchées doubles pour donner la direction que vous souhaitez à votre situation ou votre carrière. Pas question de rester les deux pieds dans le même sabot. Vous multipliez les actions, prenez des initiatives, sortez des sentiers battus. Pour certains, ce mois peut coïncider avec le début d'une période d'essai ou l'acceptation d'une mission de courte durée.

En mode retraite

Vous reprenez le chemin de votre quotidien et de vos habitudes. Septembre est un mois intéressant pour toutes celles et tous ceux qui désirent découvrir une nouvelle activité ou un nouveau loisir.

Vos points forts

Votre sens des négociations,
votre diplomatie.

Vos points faibles

Votre impatience, votre irritabilité.

Fixez vos objectifs professionnels du mois

☆ ……………………………………………………………………………………
……………………………………………………………………………………
……………………………………………………………………………………
☆ ……………………………………………………………………………………
……………………………………………………………………………………
……………………………………………………………………………………
☆ ……………………………………………………………………………………
……………………………………………………………………………………
……………………………………………………………………………………
☆ ……………………………………………………………………………………
……………………………………………………………………………………
……………………………………………………………………………………
☆ ……………………………………………………………………………………
……………………………………………………………………………………

Vos moyens pour y parvenir

☆ ……………………………………………………………………………………
……………………………………………………………………………………
……………………………………………………………………………………
☆ ……………………………………………………………………………………
……………………………………………………………………………………
……………………………………………………………………………………
☆ ……………………………………………………………………………………
……………………………………………………………………………………
……………………………………………………………………………………
☆ ……………………………………………………………………………………
……………………………………………………………………………………
……………………………………………………………………………………
☆ ……………………………………………………………………………………
……………………………………………………………………………………

Vous et vos amours

À deux

Malgré une reprise chargée, cela ne vous empêchera pas de donner une grande importance à votre vie conjugale. Pour certains, c'est le mois des grandes déclarations, d'une demande en mariage ou de la préparation des noces. Pour d'autres, l'épanouissement est au rendez-vous.

Couple en crise

Dernière période propice aux retrouvailles et à l'amélioration de votre relation. Les astres vous offrent l'ultime chance de redonner un nouveau souffle à votre vie conjugale. Si les blocages persistent, n'hésitez pas à faire appel à un thérapeute.

Célibataire

Vous débordez de charme, d'humour, de douceur et de sensualité. Vous disposez de tous les outils pour plaire et faire une rencontre des plus intéressantes. Profitez de septembre pour vous ouvrir à un nouveau sentiment.

Vos points forts

Du charme, du magnétisme
et de la sensualité.

Vos points faibles

Une tendance à être
un peu trop fleur bleue.

Faites le point sur votre vie amoureuse

Quelles sont vos envies du moment?

Où en êtes-vous dans votre relation?

☆ ....

....

....

☆ ....

....

....

☆ ....

....

....

☆ ....

....

....

☆ ....

....

De quels moyens disposez-vous pour faire évoluer votre situation?

☆ ....

....

....

☆ ....

....

....

☆ ....

....

....

☆ ....

....

....

....

Vous et votre bien-être

Malgré une réelle sensibilité au stress et de nombreux moments de fatigue, vous êtes en total accord avec vous-même. À l'écoute de votre organisme, vous vous efforcez de répondre à tous ses besoins.

Vos points forts
Une capacité à vous ressourcer.

Vos points faibles du mois
Une tendance à l'énervement
et à l'épuisement.

Vos objectifs bien-être de septembre

☆ ....
....
....
☆ ....
....
....
☆ ....
....
....
....
☆ ....
....
....
☆ ....
....
....

À vous de jouer !

Listez les atouts offerts par les astres

☆ ....
....
....
☆ ....
....
....
☆ ....
....
....
☆ ....
....
....
☆ ....
....
....

Listez les actions possibles

☆ ....
....
....
☆ ....
....
....
☆ ....
....
....
☆ ....
....
....

Les plus de votre ascendant

Balance – Bélier: attendez-vous à une rentrée corsée. Vous aimez la « bagarre », vous allez être servi. Tout vous incite et vous oblige à vous battre.

Balance – Taureau: ouvrez-vous à un nouvel idéal de vie. Prenez des décisions qui vont dans le sens de vos désirs et de vos aspirations.

Balance – Gémeaux: quel que soit le domaine, de beaux moments sont à prévoir. Sachez en profiter et faites le plein de bonne humeur. Vos amours vous comblent.

Balance – Cancer: vous vous sentez prêt pour affronter cette rentrée. Ressourcé par vos vacances, rien ne peut vous arrêter.

Balance – Lion: votre vie relationnelle est des plus épanouissantes. Au contact des autres, vous vous révélez et vous sentez bien dans vos baskets.

Balance – Vierge: ne cédez pas aux excès ou ne vous montrez pas trop critique. Essayez de trouver le juste équilibre. Pensez à prendre soin de vous.

Balance – Balance: septembre est parfait pour donner une nouvelle impulsion à votre vie sentimentale. Quelle que soit votre situation, vous avez les cartes en main.

Balance – Scorpion: vous avez soif de découverte et de nouveauté. Ce mois vous permet de vous ouvrir à d'autres perspectives.

Balance – Sagittaire: les autres vous apportent optimisme et bonne humeur. Pour certains natifs, vous avez l'occasion de mettre à jour de nouvelles ressources.

Balance – Capricorne: belle période si vous désirez vous entourer de personnes dynamiques et entreprenantes. Au travail comme dans votre vie privée, privilégiez l'enthousiasme.

Balance – Verseau: beau mois pour vous initier à la douceur et la fantaisie. Cette rentrée peut être source de joie ainsi que de bien-être.

Balance – Poissons: si vous désirez consolider une relation ou un projet, c'est le bon mois. Saisissez toutes les occasions d'enraciner votre situation.

octobre

Carte du ciel du mois

Éphémérides planétaires

Jupiter rétrograde en **Gémeaux** (21°20) - Me.9.Oct.2024 - 6h56
Pluton redevient **directe** en **Capricorne** (29°39) - Sa.12.Oct.2024 - 1h28
Mercure passe en **Scorpion** - Di.13.Oct.2024 - 19h23
Vénus passe en **Sagittaire** - Je.17.Oct.2024 - 19h28
Le **Soleil** passe en **Scorpion** - Ma.22.Oct.2024 - 22h15

Nouvelle Lune en **Balance** (10°04) - 2.Oct.2024 - 18h50
Pleine Lune en **Bélier** (24°35) - 17.Oct.2024 - 11h28

Les aspects planétaires du mois

⚸	10° 31' ♎	☌	☿		Me 02.Oct.2024 04h 47
⚳	11° 11' ♑	⚹	♀	11° 11' ♏	Me 02.Oct.2024 07h 08
⚳	11° 15' ♑	□	☿	11° 15' ♎	Me 02.Oct.2024 14h 43
⚸	10° 39' ♎	☌	☉		Je 03.Oct.2024 09h 06
⚳	11° 34' ♑	□	☉	11° 34' ♎	Ve 04.Oct.2024 07h 33
♄	14° 07' ♓	△	♀	14° 07' ♏	Ve 04.Oct.2024 17h 04
♂	17° 34' ♋	□	☿	17° 34' ♎	Di 06.Oct.2024 06h 37
♄	13° 59' ♓	⚻	☉	13° 59' ♎	Di 06.Oct.2024 18h 28
⚵	20° 44' ♎	☌	☿		Ma 08.Oct.2024 03h 45
♂	18° 38' ♋	△	♀	18° 38' ♏	Ma 08.Oct.2024 10h 22
♃	21° 20' ♊	△	☿	21° 20' ♎	Ma 08.Oct.2024 12h 23
⚷	21° 29' ♈	☍	☿	21° 29' ♎	Ma 08.Oct.2024 14h 35
⚵	21° 20' ♎	△	♃	21° 20' ♊	Me 09.Oct.2024 20h 20
⚵	21° 25' ♎	☍	⚷	21° 25' ♈	Je 10.Oct.2024 02h 08
♃	21° 20' ♊	⚻	♀	21° 20' ♏	Je 10.Oct.2024 15h 44
⚷	21° 24' ♈	⚻	♀	21° 24' ♏	Je 10.Oct.2024 16h 56
♅	26° 37' ♉	⚻	☿	26° 37' ♎	Ve 11.Oct.2024 17h 11
⚷	21° 19' ♈	⚹	♃	21° 19' ♊	Sa 12.Oct.2024 07h 03
♆	27° 56' ♓	⚻	☿	27° 56' ♎	Sa 12.Oct.2024 12h 41
♇	29° 39' ♑	□	☿	29° 39' ♎	Di 13.Oct.2024 14h 03
⚳	13° 36' ♑	⚹	♄	13° 36' ♓	Di 13.Oct.2024 19h 09
⚷	21° 15' ♈	□	♂	21° 15' ♋	Di 13.Oct.2024 20h 34
⚷	21° 14' ♈	☍	☉	21° 14' ♎	Lu 14.Oct.2024 02h 27
♃	21° 18' ♊	△	☉	21° 18' ♎	Lu 14.Oct.2024 03h 52
♂	21° 29' ♋	□	☉	21° 29' ♎	Lu 14.Oct.2024 08h 15
♅	26° 31' ♉	☍	♀	26° 31' ♏	Lu 14.Oct.2024 22h 22
♆	27° 51' ♓	△	♀	27° 51' ♏	Me 16.Oct.2024 00h 49
⚵	23° 45' ♎	☌	☉		Me 16.Oct.2024 15h 16
♇	29° 39' ♑	⚹	♀	29° 39' ♏	Je 17.Oct.2024 12h 30
♄	13° 12' ♓	△	☿	13° 12' ♏	Ma 22.Oct.2024 06h 35
♇	29° 40' ♑	□	☉	29° 40' ♎	Ma 22.Oct.2024 14h 15
⚵	26° 13' ♎	⚻	♅	26° 13' ♉	Me 23.Oct.2024 14h 32
⚳	16° 10' ♑	⚹	☿	16° 10' ♏	Je 24.Oct.2024 05h 59
♅	26° 10' ♉	⚹	♂	26° 10' ♋	Ve 25.Oct.2024 00h 13
⚸	13° 05' ♎	⚻	♄	13° 05' ♓	Ve 25.Oct.2024 06h 01
⚷	20° 39' ♈	⚻	☿	20° 39' ♏	Di 27.Oct.2024 06h 23
♃	20° 48' ♊	⚻	☿	20° 48' ♏	Di 27.Oct.2024 08h 50
♂	21° 29' ♋	□	☉	21° 29' ♎	Lu 14.Oct.2024 08h 15
♆	27° 34' ♓	△	♂	27° 34' ♋	Lu 28.Oct.2024 12h 31
♄	12° 58' ♓	□	♀	12° 58' ♐	Lu 28.Oct.2024 13h 35
⚸	13° 30' ♎	⚹	♀	13° 30' ♐	Ma 29.Oct.2024 00h 08
♅	25° 57' ♉	☍	☿	25° 57' ♏	Me 30.Oct.2024 22h 15

Coup de projecteur sur les astres du mois

Durant une grande partie du mois, **Mercure**, le **Soleil**, la **Lune noire moyenne**, **Junon** ainsi que **Jupiter** vous accompagnent afin de passer les ultimes tensions provoquées par **Mars**. Quelle que soit votre réalité, accrochez-vous. C'est la dernière ligne droite, le dernier coup de collier. Ne baissez pas les bras et regardez droit devant. Sous l'influence de **Jupiter**, **Junon** et **Mercure**, octobre peut être marqué par de nombreuses négociations mais également par une signature de contrat durement obtenue.

À partir du 17, **Vénus** vous apporte plus de douceur, de rondeur et d'apaisement. Votre situation devient plus calme et plus conforme à vos désirs. La période s'annonce également propice aux sorties, aux invitations ou aux escapades amoureuses.

Vous et votre travail

Adaptable, vous devriez réussir à affronter et à passer les grandes échéances du mois. Ainsi, réussirez-vous à faire face à toutes vos obligations. Octobre est un mois rythmé par de nombreuses discussions ou négociations. Attendez-vous à devoir vivre quelques tensions avec votre hiérarchie ou vos collaborateurs. Pas de panique, cela est passager. Ne prenez pas la mouche et efforcez-vous de vous concentrer sur vos objectifs ou vos priorités.

En quête d'un emploi

Face aux retards ou obstacles rencontrés, cherchez de nouvelles solutions. Réfléchissez à la manière d'améliorer vos connaissances. N'hésitez pas à entamer une formation qui vous ouvrira de nouvelles portes. Face à certaines lettres de refus, prenez de la distance. Ne vous formalisez pas et ne baissez pas les bras. Le vent va bientôt tourner.

En mode retraite

Vous êtes débordé et votre emploi du temps est digne de celui d'un ministre. Toujours par monts et par vaux, vous êtes moins présent pour vos proches et ces derniers n'hésitent pas à vous le faire remarquer. Misez sur le dialogue pour compenser votre absence.

Vos points forts

Une grande capacité de communication
et d'adaptation.

Vos points faibles

Une certaine hyper-susceptibilité
ou une tendance à stresser facilement.

Fixez vos objectifs professionnels du mois

☆ ....

....

....

☆ ....

....

....

☆ ....

....

....

☆ ....

....

....

☆ ....

....

Vos moyens pour y parvenir

☆ ....

....

....

☆ ....

....

....

☆ ....

....

....

☆ ....

....

....

☆ ....

....

Vous et vos amours

À deux

Optez pour plus de communication. Mettez le dialogue au centre de votre relation, cela vous permettra de pallier vos absences ainsi que votre manque de disponibilité. Pour certains natifs, redoublez de créativité pour ne pas tomber dans les habitudes.

Couple en crise

Vous aurez bien du mal à vous comprendre. Vos échanges sont de plus en plus tendus et compliqués. Rien ne va. La moindre remarque, la moindre phrase est source de conflits. Attendez-vous à passer un très mauvais mois.

Célibataire

Ce mois-ci, vous mettez l'accent sur l'amitié. Votre vie amoureuse est mise entre parenthèses au profit de vos amis. Les sorties et les soirées rythment votre quotidien et vous apportent la joie ainsi que la bonne humeur dont vous avez besoin.

Vos points forts

Une bonne analyse de vos sentiments.

Vos points faibles

Un cruel manque de disponibilité.

Faites le point sur votre vie amoureuse

Quelles sont vos envies du moment?

Où en êtes-vous dans votre relation?

☆ ....

....

....

☆ ....

....

....

☆ ....

....

....

☆ ....

....

....

☆ ....

....

De quels moyens disposez-vous pour faire évoluer votre situation?

☆ ....

....

....

☆ ....

....

....

☆ ....

....

....

☆ ....

....

....

....

Vous et votre bien-être

Pour parvenir à faire face à toutes vos obligations sans trop vous épuiser, pensez à faire des pauses régulières. Ne laissez pas s'installer la fatigue. Restez à l'écoute de votre corps et ne cherchez pas à aller au-delà de vos limites.

Vos points forts
Une capacité à trouver le bon rythme.

Vos points faibles
Une extrême sensibilité au stress.

Vos objectifs bien-être d'octobre

★ ....

....

....

★ ....

....

....

★ ....

....

....

....

★ ....

....

....

★ ....

....

À vous de jouer !

Listez les atouts offerts par les astres

- ☆ ……………………………………………………………………………………
……………………………………………………………………………………
……………………………………………………………………………………
- ☆ ……………………………………………………………………………………
……………………………………………………………………………………
……………………………………………………………………………………
- ☆ ……………………………………………………………………………………
……………………………………………………………………………………
……………………………………………………………………………………
- ☆ ……………………………………………………………………………………
……………………………………………………………………………………
……………………………………………………………………………………
- ☆ ……………………………………………………………………………………
……………………………………………………………………………………
……………………………………………………………………………………

Listez les actions possibles

- ☆ ……………………………………………………………………………………
……………………………………………………………………………………
……………………………………………………………………………………
- ☆ ……………………………………………………………………………………
……………………………………………………………………………………
……………………………………………………………………………………
- ☆ ……………………………………………………………………………………
……………………………………………………………………………………
……………………………………………………………………………………
- ☆ ……………………………………………………………………………………
……………………………………………………………………………………
……………………………………………………………………………………

Les plus de votre ascendant

Balance – Bélier: donnez la priorité aux échanges et aux autres. Acceptez les conseils que l'on vous donne ou soyez présent pour vos proches.

Balance – Taureau: beau mois pour venir à bout de démarches administratives, pour remettre de l'ordre dans vos papiers ou reprendre en main votre activité.

Balance – Gémeaux: votre vie familiale ou sentimentale vous apporte l'équilibre et l'épanouissement dont vous avez besoin.

Balance – Cancer: encore un mois parfait pour agir, avancer vos pions, montrer de quoi vous êtes capable ou vous imposer dans un secteur de votre vie.

Balance – Lion: en octobre, vous êtes amené à croiser et à rencontrer des interlocuteurs passionnants. Vos échanges sont nourrissants et particulièrement porteurs.

Balance – Vierge: pour certains, il est grand temps de mettre le nez dans vos comptes. Pour d'autres, pensez à bien gérer votre temps de travail.

Balance – Balance: adaptable, entreprenant et vif, malgré de bons influx planétaires qui vous portent, vous n'échappez pas à quelques moments de fatigue.

Balance – Scorpion: beau mois pour miser sur la douceur. Quel que soit le domaine de votre vie, privilégiez l'harmonie et l'écoute.

Balance – Sagittaire: attendez-vous à une période rythmée par les sorties, les invitations et les sollicitations diverses.

Balance – Capricorne: au travail, vos supérieurs attendent énormément de vous. Conséquence, le climat se durcit et les tensions se multiplient. Prudence.

Balance – Verseau: de nouveaux projets vous ouvrent à de nouvelles possibilités ou vous permettent d'élargir vos horizons.

Balance – Poissons: toutes les conditions sont réunies pour que vous parveniez à trouver votre équilibre en amour comme dans votre sphère familiale.

novembre

Carte du ciel du mois

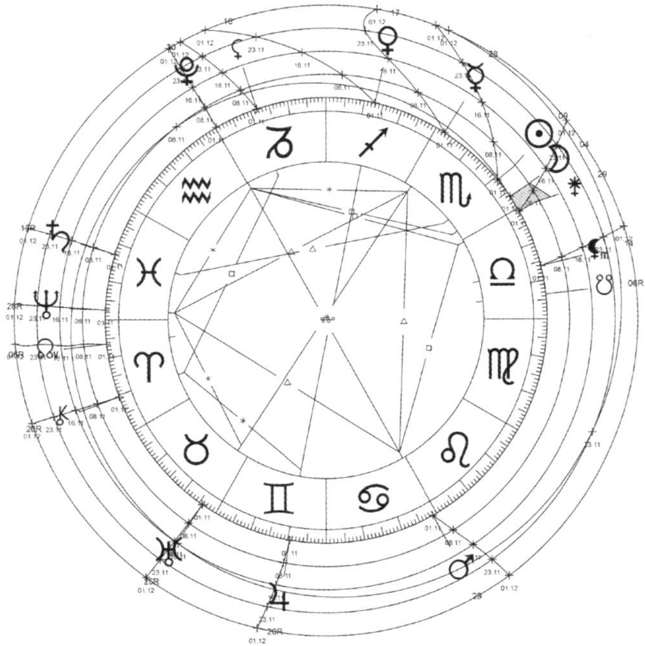

Éphémérides planétaires

Mercure passe en **Sagittaire** - Sa.2.Nov.2024 - 19h18
Junon passe en **Scorpion** - Di.3.Nov.2024 - 8h37
Mars passe en **Lion** - Lu.4.Nov.2024 - 4h10
Vénus passe en **Capricorne** - Lu.11.Nov.2024 - 18h26
Saturne redevient **directe** en **Poissons** (12°42) - Ve.15.Nov.2024 - 14h38
Pluton repasse en **Verseau** - Ma.19.Nov.2024 - 20h50
Le **Soleil** passe en **Sagittaire** - Je.21.Nov.2024 - 19h56
Mercure rétrograde en **Sagittaire** (22°40) - Ma.26.Nov.2024 - 2h42

Nouvelle Lune en **Scorpion** (9°35) - 1.Nov.2024 - 11h59
Pleine Lune en **Lion** (24°01) - 15.Nov.2024 - 21h30

Les aspects planétaires du mois

♆	27° 30'	♓	△	☿	27° 30'	♏	Ve 01.Nov.2024 00h 34
♂	29° 22'	♋	△	☿	29° 22'	♏	Sa 02.Nov.2024 08h 21
⚷	20° 23'	♈	✱	♃	20° 23'	♊	Sa 02.Nov.2024 08h 48
♇	29° 45'	♑	✱	☿	29° 45'	♏	Sa 02.Nov.2024 15h 03
⚵	29° 45'	♎	□	♇	29° 45'	♑	Sa 02.Nov.2024 15h 45
♇	29° 46'	♑	☍	♂	29° 46'	♋	Di 03.Nov.2024 11h 38
♃	20° 17'	♊	☍	♀	20° 17'	♐	Di 03.Nov.2024 15h 25
⚷	20° 19'	♈	△	♀	20° 19'	♐	Di 03.Nov.2024 16h 21
♄	12° 48'	♓	△	☉	12° 48'	♏	Lu 04.Nov.2024 17h 36
⚳	20° 00'	♑	⚻	♃	20° 00'	♊	Me 06.Nov.2024 20h 41
⚳	20° 10'	♑	□	⚷	20° 10'	♈	Je 07.Nov.2024 10h 24
♅	25° 37'	♉	⚻	♀	25° 37'	♐	Ve 08.Nov.2024 02h 20
♆	27° 21'	♓	□	♀	27° 21'	♐	Sa 09.Nov.2024 13h 15
♃	19° 33'	♊	⚻	☉	19° 33'	♏	Lu 11.Nov.2024 11h 08
⚷	20° 00'	♈	⚻	☉	20° 00'	♏	Lu 11.Nov.2024 21h 40
♄	12° 42'	♓	□	☿	12° 42'	♐	Ma 12.Nov.2024 13h 22
⚳	22° 13'	♑	✱	☉	22° 13'	♏	Je 14.Nov.2024 02h 42
♂	03° 03'	♌	⚻	♀	03° 03'	♑	Je 14.Nov.2024 08h 02
⚸m	15° 23'	♎	✱	☿	15° 23'	♐	Je 14.Nov.2024 22h 20
⚵	04° 06'	♏	✱	♀	04° 06'	♑	Ve 15.Nov.2024 05h 06
♅	25° 14'	♉	☍	☉	25° 14'	♏	Di 17.Nov.2024 02h 44
♃	18° 48'	♊	☍	☿	18° 48'	♐	Lu 18.Nov.2024 08h 55
♆	27° 14'	♓	△	☉	27° 14'	♏	Ma 19.Nov.2024 02h 07
⚷	19° 43'	♈	△	☿	19° 43'	♐	Ma 19.Nov.2024 11h 28
♇	00° 02'	♒	✱	☉	00° 02'	♐	Je 21.Nov.2024 20h 49
♄	12° 44'	♓	✱	♀	12° 44'	♑	Ve 22.Nov.2024 11h 55
⚳	25° 00'	♑	△	♅	25° 00'	♉	Ve 22.Nov.2024 18h 30
⚸m	16° 36'	♎	□	♀	16° 36'	♑	Lu 25.Nov.2024 18h 35
♃	17° 45'	♊	⚻	♀	17° 45'	♑	Ma 26.Nov.2024 18h 08
♂	05° 34'	♌	△	☉	05° 34'	♐	Me 27.Nov.2024 08h 06
⚷	19° 27'	♈	□	♀	19° 27'	♑	Je 28.Nov.2024 04h 58
⚳	27° 09'	♑	✱	♆	27° 09'	♓	Ve 29.Nov.2024 04h 11

Coup de projecteur sur les astres du mois

Jusqu'au 11, comptez sur les bienfaits de **Vénus**. Au programme, plus de douceur, de fantaisie, d'inspiration, de sensibilité et de romantisme.

À partir du 3, **Mercure** vous fait les yeux doux. Vous ne devriez avoir aucun mal à aller vers les autres et à communiquer. Vos actions, vos démarches et vos échanges seront facilités. Cela sera d'autant plus vrai dès le 26, moment où l'astre devient rétrograde.

Dès le 4, **Mars** vous confère force, volonté, détermination, réactivité et esprit d'entreprise. Des ingrédients indispensables à la reprise en main d'une situation ou de votre existence. À vous d'agir.

Le 19, **Pluton** se replace en angle favorable à votre signe. C'est le début d'une longue période de métamorphose personnelle qui commence, surtout si vous êtes du premier décan.

Le 21, c'est au tour du **Soleil** de vous prêter main-forte. Avec lui, vous aurez soif de connaissance et de découverte.

Vous et votre travail

C'est un mois royal pour entreprendre, lancer de nouveaux projets, définir de nouvelles actions, sortir des sentiers battus, rencontrer des interlocuteurs qui sauront vous aider durant les prochains mois ou pour élargir vos horizons.

En quête d'un emploi

Si vos démarches des mois précédents n'ont rien donné, il se peut que vous ayez des retours positifs courant novembre. Pour d'autres natifs, les influx célestes protègent vos démarches. C'est le bon moment pour poursuivre vos prospections. Quoi que vous fassiez, n'ayez pas peur de vous ouvrir à la nouveauté.

En mode retraite

Vos activités et vos loisirs vous occupent pleinement. Satisfait de votre quotidien, vous ne manquez pas d'en savourer chaque instant. Quoi que vous fassiez, quelles que soient vos conditions de vie ou vos relations, la notion de plaisir est particulièrement présente.

Vos points forts

Un grand sens pratique allié
à une soif de savoir.

Vos points faibles

Une tendance à changer d'avis facilement.

Fixez vos objectifs professionnels du mois

☆ ……………………………………………………………………………………

……………………………………………………………………………………

……………………………………………………………………………………

☆ ……………………………………………………………………………………

……………………………………………………………………………………

……………………………………………………………………………………

☆ ……………………………………………………………………………………

……………………………………………………………………………………

……………………………………………………………………………………

☆ ……………………………………………………………………………………

……………………………………………………………………………………

……………………………………………………………………………………

☆ ……………………………………………………………………………………

……………………………………………………………………………………

Vos moyens pour y parvenir

☆ ……………………………………………………………………………………

……………………………………………………………………………………

……………………………………………………………………………………

☆ ……………………………………………………………………………………

……………………………………………………………………………………

……………………………………………………………………………………

☆ ……………………………………………………………………………………

……………………………………………………………………………………

……………………………………………………………………………………

☆ ……………………………………………………………………………………

……………………………………………………………………………………

……………………………………………………………………………………

☆ ……………………………………………………………………………………

……………………………………………………………………………………

Vous et vos amours

À deux

C'est en multipliant les projets que vous parviendrez à l'épanouissement aux côtés de votre moitié. N'hésitez pas à parler de votre avenir. Abordez des questions clés qui vous permettront de consolider le lien qui vous unit.

Couple en crise

Peut-être est-il temps de redéfinir vos aspirations ou le contrat qui vous lie l'un à l'autre. N'ayez pas peur d'introduire une part de fantaisie ou de nouveauté dans votre relation. Pour d'autres natifs, un flirt vous permettra de changer d'air.

Célibataire

Toujours aussi séduisant et débordant de charme, vous n'avez aucun problème pour faire des rencontres. Cet avant-dernier mois de 2024 est mis sous le signe des flirts, des aventures et par conséquent de la légèreté.

Vos points forts

Une grande sensibilité.

Vos points faibles

Une certaine forme de superficialité.

Faites le point sur votre vie amoureuse

Quelles sont vos envies du moment?

Où en êtes-vous dans votre relation?

☆ ....

....

....

☆ ....

....

....

☆ ....

....

....

☆ ....

....

....

☆ ....

....

De quels moyens disposez-vous pour faire évoluer votre situation?

☆ ....

....

....

☆ ....

....

....

☆ ....

....

....

☆ ....

....

....

....

Vous et votre bien-être

Joli mois en perspective qui vous voit gagner en résistance, en vivacité et en réactivité. En pleine possession de vos moyens, rien ne peut venir vous perturber.

Vos points forts
Une belle détermination
et une superbe concentration.

Vos points faibles
Une tendance à n'en faire qu'à votre tête.

Vos objectifs bien-être de novembre

☆ ....

....

....

☆ ....

....

....

☆ ....

....

....

....

☆ ....

....

....

☆ ....

....

....

Listez les atouts offerts par les astres

★ ....

....

....

★ ....

....

....

★ ....

....

....

★ ....

....

....

★ ....

....

....

Listez les actions possibles

★ ....

....

....

★ ....

....

....

★ ....

....

....

★ ....

....

....

★ ....

....

Les plus de votre ascendant

Balance – Bélier: tous les feux sont au vert. Vos projets, vos amours et vos différentes entreprises sont favorisés. Battez le fer tant qu'il est chaud.

Balance – Taureau: vos supérieurs attendent beaucoup de vous et vous mettent la pression. Organisez-vous en conséquence.

Balance – Gémeaux: votre vie sentimentale comme votre vie sociale sont source d'épanouissement. Au contact de votre partenaire ou de vos amis, vous rayonnez.

Balance – Cancer: laissez-vous aller à votre créativité. Exprimez vos idées. Multipliez les projets. Quel que soit le domaine, prenez des initiatives.

Balance – Lion: les astres vous transmettent énergie, rapidité et volonté. C'est la bonne période pour agir et prendre des risques.

Balance – Vierge: ce mois-ci, les démarches et les négociations sont à l'honneur. Bousculez vos habitudes et ne laissez pas la morosité s'installer.

Balance – Balance: profitez de cette période pour faire le point sur votre situation. Dressez un bilan des dix derniers mois. Définissez de nouveaux objectifs.

Balance – Scorpion: fuyez les situations stressantes et misez sur la douceur. Pour certains, face à l'intensité de votre rythme, octroyez-vous des pauses.

Balance – Sagittaire: de beaux échanges viennent enchanter votre quotidien. Vous vous sentez bien dans votre vie et dans vos baskets.

Balance – Capricorne : pensez à bien identifier vos besoins et vos ressources. Ne brûlez pas la chandelle par les deux bouts. Ménagez-vous.

Balance – Verseau : en amour, vous aspirez à autre chose. Novembre est parfait pour mieux identifier votre recherche et vos attentes.

Balance – Poissons : beau mois pour consolider vos acquis ou pour parfaire une connaissance. Au travail, tout vous invite à l'action. Foncez.

décembre

Carte du ciel du mois

Éphémérides planétaires

Mars rétrograde en **Lion** (6°10) - Ve.6.Déc.2024 - 23h33

Vénus passe en **Verseau** - Sa.7.Déc.2024 - 6h13

Cérès passe en **Verseau** - Sa.7.Déc.2024 - 9h14

Neptune redevient **directe** en **Poissons** (27°08) - Sa.7.Déc.2024 - 23h16

Mercure redevient **directe** en **Sagittaire** (6°24) - Di.15.Déc.2024 - 20h57

Le **Soleil** passe en **Capricorne** - Sa.21.Déc.2024 - 9h21

Chiron redevient **direct** en **Bélier** (19°00) - Di.29.Déc.2024 - 20h06

Nouvelle Lune en **Sagittaire** (9°33) - 1.Déc.2024 - 11h59
Pleine Lune en **Gémeaux** (23°53) - 15.Déc.2024 - 9h03
Nouvelle Lune en **Capricorne** (1°44) - 30.Déc.2024 - 22h28

Les aspects planétaires du mois

⚸m	17° 11'	♎	△	♃	17° 11'	♊	Di 01.Déc.2024 00h 52
⚷	19° 21'	♈	△	☿	19° 21'	♐	Lu 02.Déc.2024 06h 17
♅	24° 36'	♉	△	♀	24° 36'	♑	Lu 02.Déc.2024 14h 43
⚸m	17° 30'	♎	⚹	☿	17° 30'	♐	Ma 03.Déc.2024 20h 01
♃	16° 44'	♊	☍	☿	16° 44'	♐	Me 04.Déc.2024 10h 16
♄	13° 01'	♓	□	☉	13° 01'	♐	Me 04.Déc.2024 16h 18
♆	27° 08'	♓	⚹	♀	27° 08'	♑	Me 04.Déc.2024 18h 52
☿	14° 27'	♐	☌	☉			Ve 06.Déc.2024 02h 18
♄	13° 06'	♓	□	☿	13° 06'	♐	Sa 07.Déc.2024 01h 53
⚳	29° 56'	♑	☌	♀			Sa 07.Déc.2024 04h 54
♇	00° 23'	♒	☌	♀			Sa 07.Déc.2024 14h 08
♃	16° 15'	♊	☍	☉	16° 15'	♐	Sa 07.Déc.2024 20h 58
⚳	00° 24'	♒	☌	♇			Di 08.Déc.2024 12h 43
⚸m	18° 09'	♎	⚹	☉	18° 09'	♐	Lu 09.Déc.2024 17h 48
⚷	19° 10'	♈	△	☉	19° 10'	♐	Ma 10.Déc.2024 17h 49
♂	05° 58'	♌	☍	♀	05° 58'	♒	Je 12.Déc.2024 10h 46
⚵	13° 22'	♏	△	♄	13° 22'	♓	Ve 13.Déc.2024 06h 15
♀	06° 58'	♒	⚹	☿	06° 58'	♐	Ve 13.Déc.2024 07h 45
♅	24° 07'	♉	⚻	☉	24° 07'	♐	Di 15.Déc.2024 14h 44
⚸m	19° 04'	♎	☍	⚷	19° 04'	♈	Ma 17.Déc.2024 22h 36
⚵	14° 53'	♏	⚻	♃	14° 53'	♊	Me 18.Déc.2024 03h 13
♆	27° 10'	♓	□	☉	27° 10'	♐	Me 18.Déc.2024 14h 28
♃	14° 38'	♊	△	♀	14° 38'	♒	Ve 20.Déc.2024 02h 11
⚳	04° 51'	♒	☍	♂	04° 51'	♌	Ve 20.Déc.2024 20h 18
⚵	15° 48'	♏	□	♀	15° 48'	♒	Sa 21.Déc.2024 03h 16
⚷	19° 01'	♈	⚹	♀	19° 01'	♒	Ma 24.Déc.2024 00h 46
⚸m	19° 50'	♎	△	♀	19° 50'	♒	Ma 24.Déc.2024 18h 21
♄	14° 01'	♓	□	♃	14° 01'	♊	Ma 24.Déc.2024 22h 00
♂	03° 53'	♌	⚻	☉	03° 53'	♑	Me 25.Déc.2024 05h 00
♃	13° 47'	♊	☍	☿	13° 47'	♐	Je 26.Déc.2024 22h 48
♄	14° 11'	♓	□	☿	14° 11'	♐	Ve 27.Déc.2024 07h 29
♅	23° 44'	♉	□	♀	23° 44'	♒	Sa 28.Déc.2024 07h 42

Coup de projecteur sur les astres du mois

Comptez sur **Mercure** et **Jupiter** (rétrogrades) pour avancer dans vos projets et donner une belle impulsion à votre vie sociale. Quelle que soit votre situation, tout vous amène à relever les défis qui se présentent, à assumer vos responsabilités et à mener à bien des actions concrètes. Pour certains, ce mois peut être marqué par la signature d'un contrat.

Mars, rétrograde et alliée à votre signe, vous permet de prendre de nombreuses initiatives, de vous ouvrir à la nouveauté ou de trouver des collaborateurs sérieux et compétents. Pour certains natifs, l'astre vient booster votre vie sociale ou amicale.

À partir du 7, **Vénus** vous pare de ses couleurs. La douceur, la joie de vivre, la sympathie et la bienveillance vous caractérisent parfaitement. Que demander de mieux en cette période de fêtes.

Vous et votre travail

Les astres vous donnent la possibilité de vous libérer de certaines contraintes. Plus autonome, vous vaquez à vos occupations sans vous préoccuper de quoi que ce soit. Vos supérieurs vous renouvellent leur confiance et vous appuient dans vos différentes entreprises. D'agréables moments sont à prévoir.

En quête d'un emploi

Certaines de vos démarches aboutissent. Ainsi, pour certains, on vous propose un poste des plus intéressants qui vous permet de regarder l'avenir avec plus de sérénité. Pour d'autres, un entretien débouche sur une période d'essai qui vous redonne du baume au cœur. Pour d'autres encore, une formation vous ouvre de nouvelles voies.

En mode retraite

En ce mois de décembre, votre vie sociale gagne en intensité. Vous prenez plaisir à voir vos amis et à rassembler autour de vous les personnes que vous aimez. Au contact des autres, vous vous sentez en pleine forme.

Vos points forts

Une grande combativité,
un désir d'action.

Vos points faibles

Une légère tendance
à vous disperser.

Fixez vos objectifs professionnels du mois

☆ ....
....
....
☆ ....
....
....
☆ ....
....
....
☆ ....
....
....
☆ ....
....

Vos moyens pour y parvenir

☆ ....
....
....
☆ ....
....
....
☆ ....
....
....
☆ ....
....
....
☆ ....
....

Vous et vos amours

À deux

De beaux moments de partage et de complicité sont à prévoir. Auprès de votre moitié, vous vous sentez bien et rassuré. Vous saisissez toutes les occasions de parler de votre avenir et vous multipliez les projets.

Couple en crise

La période vous amène à faire des choix et à prendre une décision radicale. Ainsi, soit vous continuez à avancer à deux, soit vous rompez. Décembre rime avec carrefour et remise en question.

Célibataire

Ce mois de fêtes vous trouve en pleine possession de vos moyens. Vous incarnez la douceur et la joie de vivre. Conséquence, vous ne laissez personne indifférent. Une rencontre décisive est envisageable. Préparez-vous.

Vos points forts

Votre charisme, votre bienveillance et votre humour.

Vos points faibles

Une trop grande légèreté.

Faites le point sur votre vie amoureuse

Quelles sont vos envies du moment?

Où en êtes-vous dans votre relation?

✩ …………………………………………

…………………………………………

…………………………………………

✩ …………………………………………

…………………………………………

…………………………………………

✩ …………………………………………

…………………………………………

…………………………………………

✩ …………………………………………

…………………………………………

…………………………………………

✩ …………………………………………

…………………………………………

De quels moyens disposez-vous pour faire évoluer votre situation?

✩ …………………………………………

…………………………………………

…………………………………………

✩ …………………………………………

…………………………………………

…………………………………………

✩ …………………………………………

…………………………………………

…………………………………………

✩ …………………………………………

…………………………………………

…………………………………………

…………………………………………

Vous et votre bien-être

Toujours au top, vous passez haut la main les grandes échéances de décembre. Optimiste, vif et pétillant, vous êtes dans la gratitude. C'est un excellent mois qui se profile.

<u>**Vos points forts**</u>
Votre dynamisme
et votre état d'esprit.

<u>**Vos points faibles**</u>
Un manque de mesure.

Vos objectifs bien-être de décembre

☆ ....

....

....

☆ ....

....

....

☆ ....

....

....

....

☆ ....

....

....

☆ ....

....

....

À vous de jouer !

Listez les atouts offerts par les astres

☆ ....
....
....

☆ ....
....
....

☆ ....
....
....

☆ ....
....
....

☆ ....
....
....

Listez les actions possibles

☆ ....
....
....

☆ ....
....
....

☆ ....
....
....

☆ ....
....
....

Les plus de votre ascendant

Balance – Bélier: les astres sont de votre côté. La chance vous sourit, quel que soit le domaine. À vous de jouer.

Balance – Taureau: tout vous incite à plus de concret, plus de maîtrise et plus de sérieux. Ce n'est pas le meilleur mois pour rigoler.

Balance – Gémeaux: une rencontre, une grossesse ou une déclaration pourrait bien changer votre vie. À vous d'accueillir la bonne nouvelle du mois.

Balance – Cancer: évitez de vous éparpiller et de partir dans tous les sens. Concentrez-vous sur vos actions ou vos tâches et ne cherchez pas à vous en dédouaner.

Balance – Lion: un projet ou une rencontre vous permet d'élargir vos horizons ou de donner un nouveau sens à votre existence.

Balance – Vierge: mois mitigé qui vous voit confronté à quelques moments de fatigue ou de lassitude. Accrochez-vous, ça ne durera pas.

Balance – Balance: de merveilleux moments vont ensoleiller votre mois, que vous soyez seul ou deux, en famille ou entre amis.

Balance – Scorpion: face à certaines insatisfactions, essayez de mieux déterminer vos envies. Ciblez vos priorités.

Balance – Sagittaire: décembre est propice aux rencontres, aux échanges en tout genre, aux sorties ainsi qu'aux déplacements.

Balance – Capricorne: en ce dernier mois de l'année, vous vous sentez obligé de puiser dans vos réserves d'énergie afin de faire face à vos obligations.

Balance – Verseau: tout vous sourit. C'est le bon moment pour reprendre votre vie en main ou donner un nouveau sens à votre existence.

Balance – Poissons: vous terminez 2024 fatigué et vous faites partie de ceux qui sont contents que cette année soit terminée.